EUROPA

mit dem Zug entdecken

Regine Heue
Klaus Viedebantt

EUROPA

mit dem Zug entdecken

Auf 32 Routen
entspannt und
klimabewusst reisen

BRUCKMANN

Das Landwasserviadukt in der Nähe von Filisur im Kanton Graubünden ist 65 Meter hoch und 136 Meter breit und ist Teil der Albulabahn.

Vorwort

Auf Reisen per Flugzeug oder mit dem Auto geht es meist darum, möglichst schnell und direkt zum gewünschten Reiseziel zu gelangen. Bei Zugreisen ist die Reise selbst das Ziel. Besonders wenn man sich Zeit lassen kann, um möglichst viel zu sehen und zu erleben. Dabei fahren wir durch mystische Täler, über weite Landschaften, entlang märchenhafter Küsten, durch beeindruckende Bergwelten und vorbei an bekannten Orten, und verspüren ein angenehmes Gefühl von Freiheit.

Nehmen Sie sich Zeit, um zu entschleunigen, gönnen Sie sich den ein oder anderen Zwischenstopp und entdecken Sie beim Blick aus dem Fenster großes Landschaftskino. In diesem Buch habe ich einige Empfehlungen für die schönsten und interessantesten Zugstrecken nach meinen persönlichen Vorlieben zusammengestellt, damit Sie die Koffer packen und Ihr nächstes Bahn-Abenteuer erleben können. Es beinhaltet spektakuläre Bergstrecken durch Tunnel und über kunstvolle Brücken und Viadukte. Andere Strecken führen vorbei an wunderschönen Küstenregionen oder durch unberührte Natur und weite Binnenlandschaften.

In diesem Sinne wünsche ich Ihnen wunderschöne und entspannte Zeiten bei Ihren Zugreisen

Herzlichst,
Regine Heue

← Mit dem charakteristischen Matterhorn im Hintergrund geht es hier vom schweizerischen Gornergrat hinab ins Tal.

Auf dem Wendelstein, einem Berg im bayerischen Mangfallgebirge, befindet man sich quasi auf Augenhöhe mit dem herrlichen Gipfelpanorama rundherum.

Inhalt

Etwas Zeit mitbringen … unbedingt

Bloß keine Eile ... verweilen

12

Unser Nachhaltigkeitskodex

Die Welt birgt viele Wunder, Abenteuer und spektakuläre Aussichten, die wir gerne erkunden möchten. Doch sie ist auch leicht aus dem Gleichgewicht zu bringen. Hier ein paar Tipps, wie wir unsere Welt nachhaltig entdecken können:

- **Die Hauptsaison meiden:** Wenn wir nicht gerade auf die Ferienzeiten angewiesen sind, können wir der Umwelt einen großen Gefallen tun, indem wir in der Nebensaison verreisen. Damit tragen wir zu einer gleichmäßigeren Auslastung der Umwelt und der Infrastruktur bei und der Urlaub wird dazu auch noch wesentlich entspannter.
- **Die Aufenthaltsdauer dem Reiseziel anpassen:** Je weiter das Reiseziel ist, desto länger sollte der Aufenthalt sein. Dadurch lernen wir die Region nicht nur intensiver kennen, sondern stärken sie ganz nebenbei noch durch unsere Ausgaben vor Ort. Anfahrtsintensive Tagesausflüge sollten besser vermieden werden, das bedeutet nur Stress, sowohl für die Umwelt als auch für uns selbst.
- **Auf umweltschonende Verkehrsmittel setzen:** Wo es möglich ist, reisen wir mit öffentlichen Verkehrsmitteln an. Das reduziert nicht nur die Luftverschmutzung, sondern schont auch unsere Nerven. Falls das nicht geht, helfen verschiedenste Plattformen dabei, den CO^2-Austoß auszugleichen, vor allem, wenn das gewünschte Reiseziel nur mit dem Flugzeug zu erreichen ist.
- **Nur dort parken und campen, wo es erlaubt ist:** Selbst, wenn wir uns noch so vorbildlich verhalten und unseren Aufenthaltsort so hinterlassen, wie wir ihn vorgefunden haben, stören wir den Lebensraum von Wildtieren und hinterlassen Spuren und Gerüche. Auch Lagerfeuer entzünden wir ausschließlich an den dafür vorgesehenen Stellen und achten dabei auf Waldbrandstufen und Naturschutzgebiete.
- **Ressourcen gewissenhaft nutzen:** Manche Umweltressourcen sind bereits knapp, endlich sind auf jeden Fall alle. Um sie zu schonen, sollten wir sparsam mit ihnen umgehen, gerade in Gegenden, in denen zum Beispiel Wasser oder Strom nicht im Überfluss vorhanden sind.
- **Ein guter Gast sein:** Nachhaltig unsere Umgebung zu erkunden bedeutet auch, der hiesigen Flora und Fauna mit Respekt zu begegnen. Pflanzen sollten auf keinen Fall gepflückt werden, aber sie stehen uns bestimmt gerne Modell für das eine oder andere Foto. Das gleiche gilt für wilde Tiere: wir füttern sie nicht, halten Abstand und beobachten sie aus der Ferne.
- **Auf den Wegen bleiben:** Wer die vorgegebenen Wege verlässt, dringt nicht nur in die Rückzugsräume heimischer Arten ein, sondern trägt auch dazu bei, dass sich neue Wege bilden, was zur Erosion des Bodens führt.
- **Abfall wieder mitnehmen:** Plastikverpackungen jeglicher Art, Dosen, Flaschen und Papiertaschentücher (es dauert Jahre, bis sich ein einzelnes Taschentuch vollständig abgebaut hat!) gehören nicht in die Natur, sondern artgerecht entsorgt. Am besten gleich eine wiederverwendbare Brotdose oder Trinkflasche mitnehmen. Dazu zählen natürlich auch Toilettenpapier und der Inhalt von (Chemie-) Toiletten. Entsprechende Entsorgungsstationen finden sich überall.
- **Lokal kaufen:** Dadurch lernen wir Land und Leute besser kennen und unterstützen die regionale Wirtschaft, außerdem sind regionale Produkte meist auch preisgünstiger und qualitativ hochwertiger.

Nachhaltig draußen unterwegs zu sein, bedeutet auch ein **respektvolles Miteinander** – das sollte stets ein Motto in der Natur sein. Es tut nicht weh, sich gegenseitig zu grüßen und sich entgegenkommend zu verhalten. So haben Wanderer auf schmalen Wegen stets Vorrang, bei Gegenverkehr gilt in steilem Gelände immer: Wer absteigt, hält an. So lässt sich die Schönheit und Vielfalt der Natur gemeinsam genießen.

Technische Errungenschaften und romantische Stimmungen müssen sich nicht unbedingt gegenseitig ausschließen.

0 150 km
N
Jan Mayen
Europäisches Nordmee
ISLAND
Reykjavík
ATLANTISCHER
OZEAN
Färöer
Shetland Islands
Bergen
Orkney Islands
Outer Hebrides
Isle of Lewis
Isle of Skye
GROSS
Isle of Mull
Glasgow
Edinburgh
Newcastle upon Tyne
Durham
Nordsee
Achill Island
Port Erin
Douglas
Isle of Man
Aran Islands
Dublin
Isle of Anglesey
Liverpool
York
IRLAND
BRITANNIEN
Birmingham
Waddeneilanden
Ostfries. In

Magerøya
Barentssee
Sørøya
Senja
Vesterålen
Lofoten
Kola-Halbinsel
Weißes Meer
Narvik
22
Gällivare
Luleå
29
RUSSLAND
SCHWEDEN
Meerbusen
Bottnischer
FINNLAND
Onega-
see
Östersund
Ladoga-
see
EN
Mora
Helsinki
ST. PETERSBURG
Golf von Finnland
Oslo
STOCKHOLM
Hiiumaa
ESTLAND
Kristinehamn
Saaremaa
Kattegat
LETTLAND
Gotland
Riga
Öland
RK
Sjælland
LITAUEN
Fyn
15
Ostsee
Kopenhagen
ense
Nyborg
Bornholm
MINSK
Falster
Danzig
Rügen
BELARUS
Fehmarn
Rendsburg
HAMBURG
25
POLEN
Elbe

Glasgow
Edinburgh
GROSS-
BRITANNIEN
Newcastle upon Tyne
Durham
Nordsee
Achill Island
Port Erin
Douglas
Isle of Man
Aran Islands
Dublin
Isle of Anglesey
Liverpool
York
IRLAND
Birmingham
LONDON
Waddeneilanden
Ostfries.
NIEDER-
LANDE
Haarlem
Leiden
Amsterdam
Den Haag
Gouda
Essen
De Panne
Knokke-Heist
BELGIEN
Köln
Rhein
Isles of Scilly
Isle of Wight
Ärmelkanal
Kanalinseln
ATLANTISCHER
OZEAN
Île d'Ouessant
Seine
PARIS
LUX.
Île de Groix
Belle-Île-en-Mer
Loire
Île d'Yeu
Île de Ré
Île d'Olèron
FRANKREICH
Zwei-simmen
Montreux
Lyon
Garonne
Rhône
Viveiro
Ribadeo
Gijón
Oviedo
Santander
Bilbao
Golf von Biscaya
Santiago de Compostela
Avignon
Digne
Nizza
Marseille
Ermesinde
Porto
Pinhão
Peso da Régua
Pocinho
PORTUGAL
MADRID
Barcelona
Lissabon
SPANIEN
Valencia
Sóller
Menorca
Ibiza
Palma de Mallorca
Mallorca
Balearen
Córdoba
Sevilla
Granada
Ronda
Málaga
MITTELME
ALGIER
Oran
MAROKKO
ALGERIEN

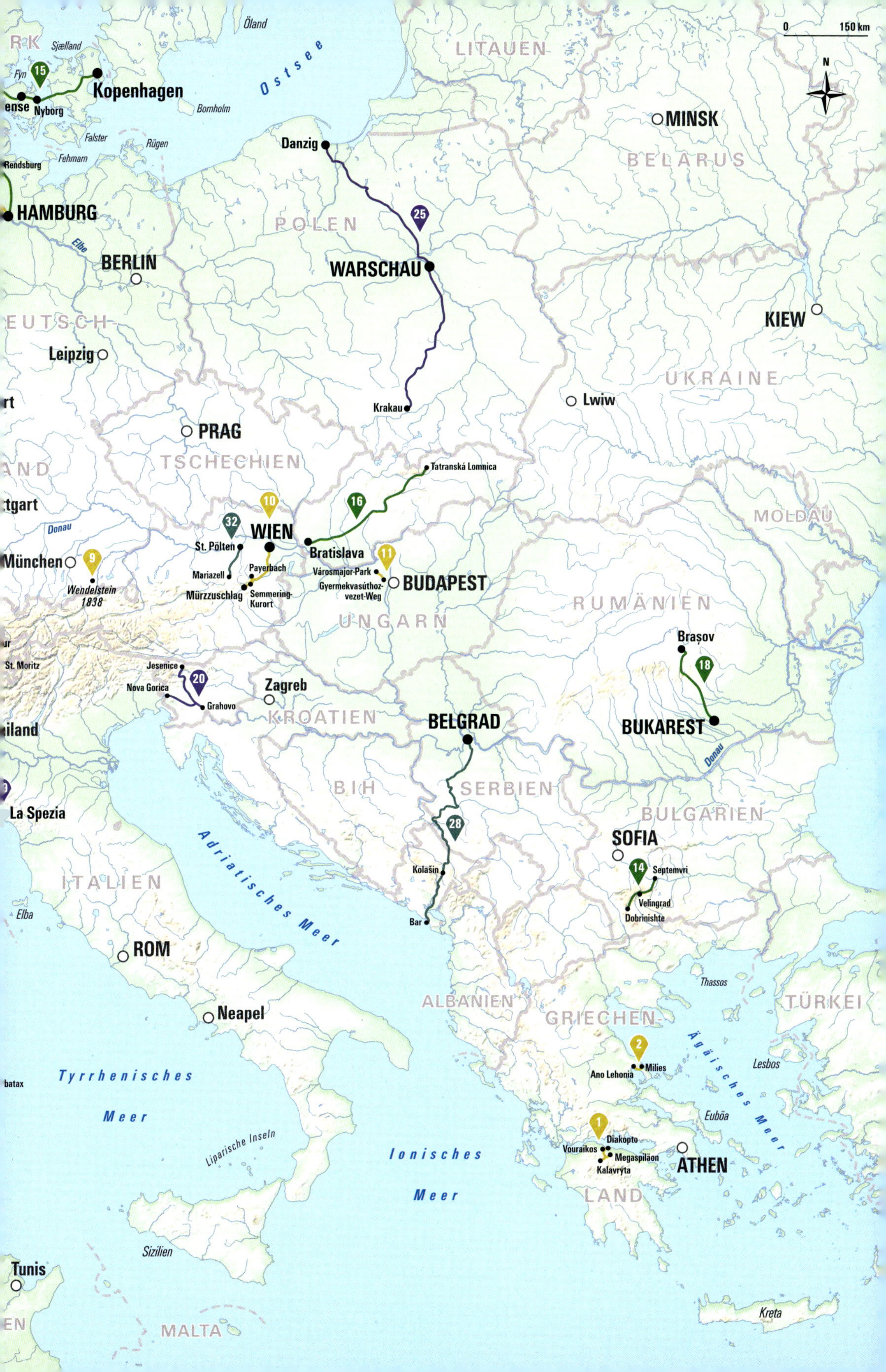

0 150 km
N
Kopenhagen
Nyborg
Fyn
Sjælland
Öland
Ostsee
Bornholm
Falster
Rügen
Fehmarn
Rendsburg
HAMBURG
Elbe
BERLIN
Leipzig
Danzig
POLEN
WARSCHAU
Krakau
LITAUEN
MINSK
BELARUS
KIEW
UKRAINE
Lwiw
PRAG
TSCHECHIEN
Tatranská Lomnica
WIEN
St. Pölten
Mariazell
Payerbach
Mürzzuschlag
Semmering-Kurort
Bratislava
Donau
München
Wendelstein 1838
Városmajor-Park
Gyermekvasúthoz-vezet-Weg
BUDAPEST
UNGARN
MOLDAU
RUMÄNIEN
Brașov
BUKAREST
St. Moritz
Jesenice
Nova Gorica
Grahovo
Zagreb
KROATIEN
BELGRAD
SERBIEN
BIH
Kolašin
Bar
BULGARIEN
SOFIA
Septemvri
Velingrad
Dobrinishte
La Spezia
Adriatisches Meer
ITALIEN
Elba
ROM
Neapel
ALBANIEN
GRIECHENLAND
Thassos
TÜRKEI
Ano Lehonia
Milies
Lesbos
Ägäisches Meer
Euböa
Diakopto
Vouraikos
Megaspiläon
Kalavryta
ATHEN
Tyrrhenisches Meer
Liparische Inseln
Ionisches Meer
Sizilien
Tunis
MALTA
Kreta

Nichts für Stubenhocker: Hausboote in Amsterdam haben einiges zu bieten.

Das Beste …
in zwölf Stunden

1 Von Diakopto nach Kalavryta

Mit der Odontotos auf dem nördlichen Peloponnes

Die bei Einheimischen und Reisenden gleichermaßen beliebte historische Odontotos-Zahnradbahn führt in Südgriechenland von der Hafenstadt Diakopto bis Kalavryta.

Dies ist eine der besten Tageseisenbahnfahrten der Welt, die wir nicht verpassen sollten. Auf der schmalsten Spurweite der Welt von 0,75 Meter fährt die Bahn 22 Kilometer lang vom Golf von Korinth durch die spektakuläre und malerische Vouraikos-Schlucht sowie vorbei am alten Mega-Spileo-Kloster. Landschaftlich ist die Strecke absolut beeindruckend. Sie verläuft fast ausschließlich in der Steigung und zum Teil in der Wand der felsigen Schlucht.

Malerische Fahrtstrecke

Unsere einstündige Fahrt beginnt an der Küste am Bahnhof der kleinen Hafenstadt Diakopto. Von dort rattert die historische Bahn mit ihren elektrisch be-

← Die Odontotos passiert wunderschöne Landschaften.
↗ Die Vouraikos-Schlucht eignet sich gut zum Wandern.

triebenen Zügen durch die Klippen der Vouraikos-Schlucht, durchquert Felsentunnel und -brücken und passiert Wälder, Wasserfälle und Stromschnellen. Wir halten in dem hübschen Bergdorf Zachlorou, das wir uns unbedingt ansehen sollten. Außerdem erreichen wir von dort über den Fußpfad das Kloster Mega Spileo. So wie das achteckige und siebenstöckige Kloster auf dem Felsen steht, lässt es uns bei unserer Ankunft in Ehrfurcht erstarren. Denn das Mönchskloster »Große Höhle« steht im Schatten des steilen Felsens des Berges Helmos in 940 Meter Höhe und in völliger Harmonie mit der einzigartigen Natur. Im Klostermuseum sind u. a. ein aus Goldfäden in elfjähriger Arbeit geschaffenes, etwa 400 Jahre altes Kreuz und eine illuminierte Bildhandschrift auf Pergament aus dem 12. Jahrhundert sehenswert.
Zurück in Zachlorou geht's weiter mit der Zahnradbahn entlang der Vouraikos-Schlucht, hindurch unter Felsen und durch enge Schluchten. Nach der insgesamt 22 350 Meter langen Steigung erreichen wir die malerische Stadt Kalavryta, die 750 Meter über dem Meeresspiegel liegt. Es ist ein Ort voller Geschichte und natürlicher Schönheit, in dem es viel zu besichtigen gibt, während wir auf den Rückfahrzug warten. Die Stadt beherbergt ein Folkloremuseum, das Museum des Holocausts von Kalavryta und die Opferstätte von Kalavryta. Das ist ein Gedenkpark, der mit Tafeln und modernistischen Skulpturen an ein Massaker im Zweiten Weltkrieg erinnert.

Info

Die Odontotos verkehrt ganzjährig mehrmals täglich von Diakopto und Kalavryta. Die kleine Bahn ist sehr beliebt, daher sollte man (falls man unabhängig reist) die Fahrkarten vorab online buchen. Am besten reist man im Frühling, Sommer und Herbst, wenn das Wetter meist sonnig und die Landschaft grün ist.

Der Kalavryta City Pass kombiniert eine Fahrt mit der Zahnradbahn von Diakofto nach Kalavryta und zurück, den freien Eintritt in das Kalavryta Ski Center mit einer Liftfahrt nach Vathia Lakka, freien Eintritt und Führung in der Höhle der Seen und Zugang zum Städtischen Museum des Holocausts von Kalavryta.

Kosten Einzelfahrt
ca. 10 EUR p.P.
Kalavryta City Pass
ca. 25 EUR.
Mehr Infos unter: hellenictrain.gr/en/kalavryta-city-pass

2 Von Ano Lehonia nach Milies

Magische Reise mit dem »Trenaki«

Die faszinierende Geschichte eines kleinen historischen Zuges und die mythischen Geschichten des Berges Pilion vereint in einer kurzen, aber magischen Reise.

Bahnhof Ano Lehonia, die Pfeife der Pilionbahn signalisiert den Start unserer Reise. Auf einer der schmalsten Eisenbahnstrecken der Welt – 60 Zentimeter – fahren die Waggons des ehemaligen »Moutzouris«, wie der Zug wegen des Dampfes und des Rauchs einst genannt wurde. Die Strecke von Ano Lehonia nach Milies ist bergig und führt über grüne Hänge und durch eine dichte Vegetation von Platanen, Oliven, Pinien und Eichen. Während der Fahrt haben wir einen spektakulären Blick über die Bucht von Pagasitikos. Hinzu kommt, dass die Höchstgeschwindigkeit des Zuges nur 20 Kilometer pro Stunde beträgt und wir uns für alle wunderbaren Ausblicke auf Schluchten, prächtige alte Brücken und Tunnel Zeit lassen können.

← Hübscher Holzbau: der alte Bahnhof in Ano Lehonia.

Mythen und Legenden

Unser einziger 15-minütiger Halt ist in Ano Gatzea. Die Fahrt ist insgesamt nur 15 Kilometer lang, dauert aber etwa 90 Minuten. Bei der Annäherung an Milies gewinnt die Landschaft eine wilde Schönheit, besonders bei der Überquerung der großen Metallbrücke von Taxiarchis oder De Chirico, dem Namen ihres Konstrukteurs, dem Vater des großen Malers. An dieser Stelle rollt der Zug in einer gekrümmten Linie, während die Brücke, auf der er sich befindet, gerade ist. Bis zum historischen Endpunkt ist die Strecke voller Ausblicke von reicher Natur und Architektur. Angekommen am Bahnhof Milea beginnt der Kopfsteinpflasterweg in das Zentrum des Dorfes – leider direkt neben der Straße. Traditionelle Gasthäuser, Tavernen, die vor 1741 erbaute Kirche von Taxiarches, das Volkskundemuseum und die Bibliothek, eine der ältesten Griechenlands, laden uns zu einem Rundgang ein. Übrigens überquert der »Trenaki«, wie er heute genannt wird, die mythischen Wege der Zentauren und des Dodecatheon. Denn nach der antiken griechischen Mythologie war Pilion der Sommersitz der zwölf Götter des Olymps. Irgendwo im dichten Wald, an den Hängen des Pilion und insbesondere am Bahnhof Milies – glauben die Forscher – sei der Ort der Hochzeit zwischen Pileas und Thetis, den Eltern von Achilles. Die Legende besagt, dass die mythische Schlacht mit den Kentauren und den Lapithen um die schöne Hippodameia an dieser Stelle stattfand.

»Züge, wie die Zeit und die Gezeiten, halten für niemanden an.«

Jules Verne

Info

Die Höhle von Heiron dem Heiler liegt genau am Fuße des Felsens, auf dem die Kapelle von Taxiarchis liegt. Er ist eine zentrale Figur in vielen antiken griechischen Mythen und erscheint als Tutor von Achilles. Heiron hatte Achilles' Eltern den Speer gegeben, den er im Trojanischen Krieg verwendete.

Die Fahrt zum Bahnhof Ano Lehonia, der 12 Kilometer von Volos entfern liegt, erfolgt mit dem Stadtbus Nr. 5 der Linie Volos – Lehonia – Platanidia über die Straße nach Kala Nera. Er hält 50 Meter vom Bahnhof entfernt. Aber auch mit dem Auto ist eine Anfahrt möglich, da es einen großen Parkplatz vor dem Bahnhof gibt. Auf der angrenzenden Straße ist er gekennzeichnet mit braunen Bahnhofsschildern.

In den Monaten Juli und August fährt der Zug täglich. Von April bis Juni und September bis Oktober fährt er am Samstag, Sonntag und an den Feiertagen. Kosten Einzelfahrt ca. 10 EUR p.P.

3 Im Waggon durch die Wogen

Nördlicher geht in Deutschland nicht

Ihr Name ist außerhalb der Region kaum bekannt, doch die »Marschbahn« ist eine der beliebtesten Urlaubsrouten der Bahn in Deutschland. Sie verläuft von Hamburg nach Sylt – und die letzten Kilometer auf einem schmalen Damm durch das Meer. Einzigartig.

Welche Insel ist die schönste an den deutschen Küsten? An der Ostsee werden vermutlich Usedom und Rügen besonders häufig genannt, an der Nordsee dürfte wohl Sylt recht viele Punkte machen. Wenige Sylt-Besucher landen auf dem Inselflughafen oder kommen mit der Fähre von der dänischen Nachbarinsel Rømø. Die Eisenbahn ist Sylts Lebenslinie und Hamburg ist der Startort vieler Reisen auf die Urlaubsinsel. Nicht wenige Hamburger sehen Sylt als »ihre« Insel an, und sei es auch nur für einen Wochenendtrip. Die gute, nur etwa 240 Kilometer lange Bahnverbindung macht es möglich – und selbst die Autofahrer verladen ihre Wagen für die letzten Kilometer noch auf die Bahn.

Fachleute nennen sie nach der unterwegs vorherrschenden Landschaftsform die »Marschbahn«. Die Fahrt mit ihr gleicht einer Panoramatour durch den Westen von Schleswig-Holstein und startet im Hamburger Hauptbahnhof. Gleich nach dem Fahrtbeginn lohnt sich der Blick nach rechts. Rings um die Binnenalster präsentiert sich das Zentrum der fotogenen Hansestadt, wie geschaffen für Ansichtskarten. Ihre sich anschließenden Vorstädte sind weit weniger sehenswert, aber wo in der Welt sind sie es? Wo die Millionenstadt ausfasert, wird die Landschaft grün. Die Marsch, das fruchtbare Schwemmland, ist idealer Bauerngrund, überwiegend flach, mit schwarzbunten Kühen auf den Weiden, und von Hecken unterbrochen und umrahmt.

Unterwegs zur Insel

Elmshorn und Itzehoe sind bekanntere Namen entlang der Strecke, die aber nicht übermäßig zum Aussteigen verlocken. Ein Höhepunkt im flachen Land ist hingegen die Hochbrücke Hochdonn, die sich bei Brunsbüttel über den Nord-Ost-

← Hamburgs Speicherstadt ist der weltgrößte historische Lagerhauskomplex und einen Besuch wert.

Tipp

HAMBURG – GLEISE IN ALLE WELT

Bahnfreunde reisen zu Tausenden nach Hamburg, vornehmlich um das Miniatur Wunderland in der historischen Speicherstadt zu bewundern, die weltgrößte Modellbahnanlage. Und sie wächst, in ein weiteres Gebäude, aber auch geografisch: Bis 2024 kommen Mittelamerika plus Karibische Inseln hinzu, dann Asien. Hamburg gibt es schon lange. Aber Sylt und der Hindenburgdamm fehlen immer noch.
www.miniatur-wunderland.de

see-Kanal spannt, die meistbefahrene künstliche Wasserstraße der Welt. Die eindrucksvolle Stahlkonstruktion von 1920 hat eine Gesamtlänge von mehr als 2,2 Kilometer, die Durchfahrtshöhe beträgt (wie bei allen Brücken über den Kanal) 42 Meter. Weiter nördlich liegt Heide, das Zentrum von Dithmarschen, eine IC-Station der Marschbahn. Kenner der niederdeutschen Sprache schätzen Heide als Geburtsort des Dichters Klaus Groth, dem die Stadt auch ein Museum errichtet hat. Im kleinen Friedrichstadt halten nur Regionalzüge, auch wenn der Ort viele Touristen anzieht. Grund ist das fotogene niederländische Flair: 1621 ließ Herzog Friedrich III. Siedler aus den Niederlanden kommen, denen er im Gegensatz

zu ihrer Heimat religiöse Toleranz zusicherte. Sie legten Grachten an und bauten Ziegelhäuser im Stil der niederländischen Renaissance.
Schließlich Husum, Hafenstadt und das Zentrum von Nordfriesland. Theodor Storm, 1817 in Husum geboren, nannte seinen Heimatort in einem Gedicht »die graue Stadt am Meer« – ein nicht mehr stimmiges, aber immer noch haftendes Etikett. Husum ist eine lebendige, kultur- und museenreiche Kleinstadt. Einige der IC-Züge nach Westerland auf Sylt halten auch hier.

↑ Ein Muss für Bahnfans: das Hamburger Miniatur Wunderland.
↙ Nach der Zugfahrt genießen wir einen Spaziergang im Hafen von Husum.

»Nachdem Westerland 1855 zum ›Seebad‹ geworden war, wurde die Erreichbarkeit der Insel immer wichtiger.«

Niebüll ist ein zentraler Halt. Zum einen führen die Gleise hier weiter nach Norden ins dänische Tondern, 1887 das ursprüngliche Ziel der Marschbahn. Am Bahnhof steigen Paare jeden Alters aus, denn Tondern gilt als Heiratsparadies, weil man den Bund ohne viel Bürokratie schließen kann, auch mit ausländischen und gleichgeschlechtlichen Partnern. Niebüll ist aber weit über den Norden hinaus bekannt als die Station, auf der die Autos für Sylt auf die roten Spezialwaggons von DB Sylt Shuttle oder den blauen AUTOZUG Sylt verladen werden. Die Passagiere dürfen während der 36 Kilometer zwischen Niebüll und Westerland in ihren Autos sitzen bleiben, die Fahrt dauert je nach Zug zwischen etwa 33 Minuten und knapp einer Stunde. Auf Sylt gibt es neben dem Bahnhof von Westerland noch seltener genutzte Haltepunkte in Keitum und Morsum. Der eigentliche Damm durch das Wattenmeer war bei der Eröffnung 1927 exakt 11,3 Kilometer lang, seit der Landgewinnung am Festland beiderseits des Damms ist die Strecke über das Wattenmeer nur noch 8,1 Kilometer lang. Solcherart neu entstandenes Land wird Koog genannt und durch hohe Deiche gesichert.

Endlich ankommen

Nachdem Westerland 1855 zum Seebad geworden war, wurde die Erreichbarkeit der Insel immer wichtiger. Anfangs setzten die Kurgäste noch mit einem Raddampfer über, aber nach einer neuen

Tipp

SYLT – BERGTOUR ZUM INSELGIPFEL

Amtlich, die Uwe-Düne bei Kampen ist mit stattlichen 52,5 Metern der höchste Punkt der nördlichsten Insel Deutschlands. Und benannt ist sie natürlich nach »uns Uwe« Seeler vom HSV? Nöö. Der Sylter Uwe Jens Lornsen (1793–1838) war der Namenspate, ein Jurist und Freiheitskämpfer. Auf seine Düne führt eine Holztreppe mit 109 Stufen. Mit einem Kampen-typischen Porsche ist der Gipfel nicht erreichbar.

Grenzziehung infolge des Ersten Weltkriegs lag der Dampferhafen nun auf dänischem Gebiet. So wurden alte Pläne für einen Eisenbahndamm wieder akut. 1923 begann der Bau, aber vier Monate später zerstörte eine Sturmflut alles. Daraufhin wurde die geplante Trasse verlegt. In den folgenden vier Jahren arbeiteten bis zu 1500 Männer an dem Damm. Reichspräsidenten Paul von Hindenburg reiste zur Eröffnung der Strecke an, der damalige Bahnpräsident soll dabei den Namen Hindenburgdamm erfunden haben. Offiziell wurde das Bauwerk allerdings nie getauft und bis heute ist der Name umstritten, weil Hindenburg als Wegbereiter Hitlers gilt.
Die erste Verbindung war eingleisig, später wurde der Damm für ein zweites Gleis verbreitert. Die Züge werden meist von Dieselloks gezogen, es gibt Pläne, die Strecke durchgehend von Hamburg bis Westerland zu elektrifizieren. Täglich fahren je nach Saison 100 bis 200 Züge über die Gleise im Meer, die bis heute eine Attraktion sind. Gibt es noch andere Bahnen durch die See? Nicht mehr, aber einst rollte ein Waggon beim englischen Seebad Brighton auf hohen Stelzen durch die Wellen. Und an der Südspitze von Florida rollte die Overseas Railroad von 1912 bis 1935 gut 200 Kilometer über die mit Brücken verbundene Inselkette der Florida Keys bis Key West.
Der Hindenburgdamm liegt mitten im Nationalpark Schleswig-Holsteinisches Wattenmeer, dort sind Wattwanderungen nicht erlaubt (nicht zuletzt wegen

↗ Deichschafe genießen die Sonne und das frische Gras in vollen Zügen.
← Wunderschöne Häuser wie dieses Doppelgiebelhaus laden in Friedrichstadt zum Bummeln ein.

starker Tidenströme). Auch auf dem Damm, der der Deutschen Bahn gehört, sind keine Fußgänger gestattet. Aber einige haben sich nicht an das Verbot gehalten: Seither gehören Dachse und Füchse zur tierischen Inselbevölkerung, Neulinge, die der Sylter Vogelwelt wahrlich nicht guttun.

Info

Für die Fahrt nach Sylt mit dem Pkw per Autozug empfiehlt sich zumindest in der Hochsaison und an Wochenenden eine Reservierung: ticket.syltshuttle.de/ www.autozug-sylt.de
Die einstige Inselbahn auf Sylt, die u. a. mit einem einzigartigen Borgward-Sattelschlepper über die Gleise tuckerte, ist Geschichte. Ihre Bahntrasse ist heute ein Radweg.

Am Bahnhof von Niebüll zweigt eine kurze Strecke (18 Minuten) der Norddeutschen Eisenbahn (neg) ab nach Dagebüll Mole. Dort kann man in Fähren zu den Inseln Föhr und Amrum sowie den Halligen umsteigen.

Das Friesenmuseum in Niebüll bietet die Gelegenheit, sich anzusehen, wie Deutschlands nördlicher Stamm früher lebte und weshalb seine Häuser Sturmfluten überstanden, selbst wenn diese die Wände eindrückten.

www.sylt.de

4 Von Dom zu Dom durchs Weltkulturerbe

Reiner Wein am Rhein

Die Eisenbahngleise, die im engen Tal des Mittelrheins entlang der Ufer führen, sind für die Anwohner lärmender Fluch und Touristeneuros bringender Segen zugleich. Für die Zugreisenden sind die Gleise dank der Aussicht auf Burgen und Reben nur eine Freude.

Eine Flasche guter Riesling aus dem Rheingau, zwei große Butterbrezeln und ein elegant-stabiles Weinglas sind die idealen Reisebegleiter für eine Bahnfahrt von Mainz nach Köln. So oder ähnlich sollte man sich vor der Fahrt versorgen. Selbst in den ICE-, IC- oder Eurocity(EC)-Zügen ist im Bordbistro selten der passende Wein für eine stilvolle Rheinreise erhältlich. In der ohnehin sehenswerten Mainzer Altstadt gibt es aber mehrere geeignete Weinhandlungen.
Nach der etwa zweistündigen Fahrt wird die schlanke Riesling-Flasche wohl noch etwa halbvoll sein. Genug für die Rückfahrt auf der anderen, der stromab rechten Rheinseite.
Die Bahnfahrt durch das Rheintal gilt als eine der schönsten in Europa, eine Erkenntnis, die sich schnell verbreitete, nachdem 1859 alle Gleise und Weichen entlang des Stroms verlegt und die ersten Bahnhöfe gebaut waren. Schon bald fanden sich dort auch die ersten Bahntouristen ein, nicht selten mit einem Baedeker im Gepäck. Der Koblenzer Buchhändler hatte schon 1828 seinen ersten Reiseführer, *Rheinreise von Mainz nach Cöln*, publiziert. Er war für das Werk noch mit Kutsche und Schiff unterwegs gewesen, das Buch wurde dann schleunigst für das Bahnzeitalter aktualisiert.
Tagsüber fahren die IC-Züge mittlerweile mindestens im Stundentakt, mit maximal 160 km/h. Zwischen Koblenz und Bingen, wo der Rhein sich kurvenreich durch Hunsrück und Taunus windet, fahren die Loks deutlich langsamer. Touristen sind dafür dankbar, vor allem, wenn sie auf der richtigen Seite am Fenster sitzen: stromab immer links, stromauf rechts. Viele Urlauber bevorzugen die Fahrt über die linke Rheinseite, zum einen, weil es dort mehr und schnellere Verbindungen gibt, zum anderen, weil der Blick auf die rechte Rheinseite insgesamt attraktiver ist. Nur so sieht man beispielsweise die sagenumwobene Loreley.

→ Loreley ei ei – die Schiffe ziehen an Dir vorbei!

Tipp

MAINZ – DOM MIT HEILIGEM DACHREITER

St. Martin ist der romanische Mainzer Dom (Grundsteinlegung 975) gewidmet – und wer genau hinschaut, erkennt den Heiligen auch auf dem Dach der Kirche: ein Denkmal mit Martin, dem damaligen Soldaten und späteren Bischof von Tours, hoch zu Ross und mit einem Bettler, der Martins halben Mantel erhält. Die von der Witterung stark geschädigte Skulptur wird restauriert, sein Kopf muss völlig erneuert werden.

Bekannte Türme und gefährliche Felsen

In Mainz auf dem linken Rheinufer, und in Wiesbaden auf dem gegenüberliegenden Ufer, wo der Main in den Rhein mündet, ist das Tal weit und flach. So kann der Zug auf der Fahrt von Mainz gen Norden in der sanft gewellten Landschaft ordentlich Tempo machen, ehe er Bingen erreicht. Gegenüber liegt Rüdesheim. Hier macht der Rhein einen Knick nach Norden und verengt sich von fast 600 auf 300 Meter Breite. Ein idealer Platz für einen Wach- und Zollturm (gemeinsam mit Burg Ehrenstein am rechten, hessischen Ufer) und so entstand auf einer kleinen Insel mitten im Strom der fotogene Mäuseturm, der seinen Namen nur Sprachveränderungen verdankt. Bei extremem Niedrigwasser ist der Mäuseturm trockenen Fußes zu erreichen, 2018 und 2022 war das der Fall. Es ist allerdings verboten, auf dem kleinen Damm aus Felsbrocken, der Kabel schützt, hinüberzubalancieren – die Insel ist ein Vogelschutzgebiet.

Das gilt jedoch gar nicht für Burg Pfalzgrafenstein, die unter dem Namen Pfalz bei Kaub bekannter und eines der Wahrzeichen des Rheintals ist. Das schmucke, 1326 entstandene Bauwerk war nie ein Wohnquartier, sondern immer nur eine bewaffnete Zollstation. Heute dient sie dem Tourismus und ist mit einer Personenfähre vom rechtsrheinischen Kaub aus erreichbar. Wenig später mäandert der Rhein um die Loreley, einen 132 Me-

↗ Über Jahrhunderte hinweg galt der Mainzer Dom als religiöses und politisches Zentrum des römisch-deutschen Reichs.
← Schauplatz von Krönungen und Reichstagen: der Wormser Dom.

ter hohen Schieferfelsen, der einst hohe Konzentration von den Rheinschiffern forderte. Um diesen Felsen dichteten Poeten der Romantik Texte über eine schöne junge Frau, die alle Männer – auch die Rheinschiffer – verwirrt und zu Tode bringt. Das Unterwasserriff im Strom, das viele Unfälle verursacht hatte, ist längst gesprengt. Dennoch kam es auch in unseren Tagen noch zu Havarien, etwa 2011, als ein Tankschiff an der Loreley kenterte und die gesamte Rheinschifffahrt für Tage zum Stillstand kam.

Burgenland am Fluss

Bald hinter der Blondine auf dem Fels folgen zwei der bekanntesten Burgen des Tals: Katz und Maus. Katz ist heute in Privatbesitz und nicht offen für Besucher, die benachbarte kleinere Burg Maus kann via Loreley-Touristik bisweilen besichtigt werden. Etwas weiter stromab folgen die Burgen Liebenstein (Ruine) und Sterrenberg (Hotel und Café), die aber unter diesen Namen kaum jemand kennt: Es sind die »feindlichen Brüder«. Deren Geschichte ist unseres Wissens nie verfilmt worden, dabei könnte diese gewiss mit jedem Rosamunde-Pilcher-Film mithalten.

An der letzten großen Schleife des Welterbes Mittleres Rheintal thront bei Braubach die Marksburg, die einzige Höhenburg der Region, die nie zerstört wurde. Die romantische Anlage gefiel Japanern so gut, dass sie die Burg kaufen und in ihrer Heimat wieder aufbauen wollten. Der Handel scheiterte, doch Nippons Söhne wussten sich zu helfen: In den

Tipp

KÖLN – DOM MIT 533 STUFEN IM SÜDTURM

Das weltberühmte gotische Gotteshaus, dessen Bau 1248 begann und erst 1880 beendet werden konnte, zählt mit jährlich sechs Millionen Touristen zu den meist besuchten Attraktionen in Deutschland. Im Südturm erreichen »Aufsteiger« nach 533 Treppenstufen eine Aussichtsplattform. Unterwegs passieren sie die Glockenstube, dort hängt auch die größte freischwingende Kirchenglocke der Welt, »Dicker Pitter« genannt.

1990er-Jahren wurde das Baudenkmal auf einer Insel in Japan größtenteils nachgebaut. Nun heißt es: Adieu Schlängelkurs. Mit Burg Lahneck an der Einmündung der Lahn endet das enge Rheintal, der Zug steuert auf das linksrheinische Koblenz und die gegenüberliegende Festung Ehrenbreitstein zu. Hier ist das nördliche Ende der Welterbe-Landschaft am mittleren Rhein erreicht.

Für die meisten Bahntouristen geht die Fahrt stromab weiter, Andernach, Remagen und Bad Godesberg sind die nächsten Stationen, ehe es vom einstigen Sitz vieler Botschafter in die ehemalige (west-)deutsche Hauptstadt (1945–1991), in die Bundesstadt Bonn, geht. Die politische Prominenz ist längst weitergezo-

»Freude schöner Götterfunken«

– spontan angestimmt in der Bonngasse.

↑ Das Kunstmuseum Bonn mit seiner futuristischen Fassade.
↙ Wacht über das Rheintal: die Marksburg bei Braubach.

gen nach Berlin, aber die Bonner vermissen sie kaum. Ihr größter Sohn war und bleibt Ludwig van Beethoven und sein Geburtshaus in der Bonngasse 20 zieht jährlich Tausende Besucher aus aller Welt an. Es kann einem durchaus passieren, dass eine Besuchergruppe vor dem schönen Portal spontan »Freude schöner Götterfunken« anstimmt – nicht selten sind die Sänger Japaner.
Auf der letzten Etappe dieser Reise ist schon bald eine der bekanntesten Silhouetten Deutschlands am Horizont zu sehen: die Doppeltürme des Kölner Doms. Das Weltkulturerbe ist der unmittelbare Nachbar des Kölner Hauptbahnhofs, und der Rhein ist auch nur ein paar Schritte entfernt.

Info

Drei weitere bedeutende Kathedralen liegen am Rhein: der Dom in Worms, der Dom in Speyer sowie der Aachener Dom. Worms und Speyer sind ab Mainz mit der Bahn gut zu erreichen, Aachen von Köln aus.

Der prächtige Bahnhof Rolandseck in Remagen entwickelte sich zu einem Künstlertreff. Heute wird er für Kulturveranstaltungen genutzt und ist Teil eines Museums für den Maler und Bildhauer Hans Arp (1886–1966).

Die rechtsrheinische Strecke führt über Königswinter am Siebengebirge, Rhöndorf (Wohnhaus des ehemaligen Kanzlers Konrad Adenauer) und Niederlahnstein durch den Loreley-Tunnel zur Rotweingemeinde Assmannshausen, dann nach Rüdesheim, Eltville und Wiesbaden gegenüber von Mainz.

www.mainz.de
www.koeln.de
www.loreley-felsen.de

Vom Rhein hat man einen tollen Blick auf die Rüdesheimer Weinberge mit der Kirche St. Jakobus, im Vordergrund erhebt sich nah am Ufer der Adlerturm.

5 Von Amsterdam nach Amsterdam

Abwechslungsreiche und unterhaltsame Rundtour

Eine Rundreise auf den Schienen der staatlichen Eisenbahn, die zu den wichtigsten und attraktivsten Städten der Niederlande führt. Das Königreich präsentiert sich dabei mit den meisten seiner kulturellen und historischen Schätze.

Blaue Banane? So bezeichnen Fachleute die westeuropäische Megaregion, die sich als Bogen von den Beneluxländern über das Rhein-Ruhr- und das Rhein-Main-Gebiet, die Oberrheinlandschaft, Teile von Bayern, die Schweiz und Norditalien spannt. Vor dem Brexit wurde auch England noch zu dieser Zone gezählt, in der sich Wirtschaftskraft, Politik, Wissenschaft, Kultur und Infrastruktur zusammenballen. In den Beneluxländern sind dies der Großraum Brüssel und die westlichen Niederlande mit Amsterdam und Rotterdam, die dort Randstad genannt werden – die Niederlande, optimal von der Eisenbahn erschlossen und dadurch gut geeignet für eine Städtereise mit der Hauptstadt als Start- und Zielort. Amsterdam gehört zu Europas touristischen Megazielen: Grachten, Monarchie

← Eine Tour zu den holländischen Windmühlen lohnt sich immer.
↗ Amsterdam trägt auch den Beinamen »Venedig des Nordens«.

und Museen. Zwei Grachtenfahrten wünscht man mindestens allen Besuchern: eine bei Tag und eine bei Nacht. Auch andere Städte bieten solche Kanaltouren, aber nirgendwo gibt es schönere Bauten beiderseits der Wasserstraßen als in Amsterdam. Und der königliche Palast, gelegen mitten in der Stadt, kann immer besichtigt werden, wenn der König ihn nicht für Veranstaltungen benötigt. Schließlich die Museen: 60 sollen es in der Stadt mit der »höchsten Museumsdichte der Welt« sein. Epizentrum ist der Museumplein nebst weltberühmtem Rijksmuseum mit den Gemälden des Goldenen Zeitalters (ca. 1575–1675), etwa von Rembrandt, Vermeer und Frans Hals. Daneben steht das Van Gogh Museum von 1973, mit mehr als 20 Millionen Besuchern jährlich die populärste Sammlung in Amsterdam, schließlich das Stedelijk Museum mit der Kunst der Moderne.

Tipp

AMSTERDAM – DAS TAGEBUCH DER ANNE FRANK

Ein weltweit einzigartiges Museum befindet sich in Amsterdam in der Straße Prinzengracht 263. In dessen Hinterhaus versteckte sich die jüdische Familie Frank ab 1942 für mehr als zwei Jahre vor den Nazi-Besatzern. In den gut zwei Jahren schrieb die anfangs dreizehnjährige Anne Frank hier ihr weltberühmt gewordenes Tagebuch. Anne starb 1945 im KZ Bergen-Belsen. Nur ihr Vater überlebte den Holocaust.

Bei Frans Hals und Rembrandt

Etwa 15 Minuten dauert die Fahrt mit der staatlichen Bahngesellschaft NS von Amsterdam nach Haarlem. Die Großstadt hat nicht nur ein fotogenes Zentrum am historischen Grote Markt, sie ist auch eng verbunden mit dem Maler Frans Hals, den ein eigenes Museum ehrt. Dessen Sammlung stellt zudem vie-

le malende Zeitgenossen vor, darunter auch eine der wenigen Frauen, die im Goldenen Zeitalter zu Ruhm gekommen war, die in Haarlem geborene und von Frans und dessen Bruder Dirck Hals beeinflusste Judith Leyster.

»In Holland unterwegs und kein Wort über Käse?«

Die Fahrt nach Leiden dauert gut 20 Minuten. In der ältesten Universitätsstadt der Niederlande wurde der Malerfürst der Nation geboren, Leiden hat dazu eine »Rembrandt-Route« entwickelt, eindrucksvoller ist allerdings das Rembrandthuis, das ehemalige Wohn- und Atelierhaus des Künstlers in Amsterdam. Leidens mehr als 400 Jahre alter botanischer Garten hat einen ganz speziellen Platz in der Seele der Niederländer inne: Im Hortus Botanicus blühten 1594 die ersten Tulpen des Landes.
Nach 15 Minuten rollt der Zug von Leiden aus in den Hauptbahnhof von Den Haag, Centraal, der Kopfbahnhof in der Innenstadt dient meist dem Regionalverkehr. Die Fernzüge laufen häufig, aber nicht nur, über die Station Hollands Spoor (HS). Eine der Eigenheiten in der drittgrößten Stadt der Niederlande, die zugleich als deren zweite Hauptstadt firmiert – der Sitz von Regierung und Parlament sowie seit 1831 auch die Residenz des Königshauses. Trotz allem macht die Halb-Millionen-Metropole einen entspannten Eindruck – dazu tragen wohl auch die vielen Beamten bei. Und die Juristen. Den Haag ist ein Zentrum der globalen Rechtspflege und der Institutionen für Europa und die Welt: Im Friedenspalast (Vredespaleis), einem Neorenaissance-Bau von 1913, spricht der Internationale Gerichtshof Recht. Da Länder in aller Welt zum Bau beigetragen haben (aus Deutschland stammen die gusseisernen Zäune), ergibt sich ein Bild mit vielen Facetten. Deshalb lohnt es sich, im Besucherzentrum eine Führung zu buchen. Neben mehreren anderen europäischen Organisationen ist auch Europol in Den Haag beheimatet, die Polizei der EU, die internationale Kriminalität und Terrorismus bekämpft.

← Abends wird es ruhig am Strand von Scheveningen, einem beliebten Seebad der niederländischen Hauptstadt.

Tipp

ZANDVOORT UND SCHEVENINGEN – SEEBÄDER DER RANDSTAD

Die Niederlande sind reich an Seebädern, zwei der größten und populärsten gehören zur Randstad: Zandvoort hat eine Bahnlinie nach Amsterdam (via Haarlem), die Gleise enden 200 Meter vor der Küste. Scheveningen ist ein Stadtteil von Den Haag, mehrere Trambahnen fahren vom Strand ins Zentrum. In Scheveningen liegt Madurodam, ein Park, in dem 300 Wahrzeichen des Landes als Miniaturen nachgebildet sind.

Das politische Den Haag erlebt man am besten am Binnenhof, einem Komplex historischer Gebäude, der unter anderem das Parlament der Niederlande beherbergt. Ein Informationsbüro organisiert Besichtigungstouren. Am Rand des Binnenhofs fällt das elegante Mauritshuis auf, ein Palais aus dem 17. Jahrhundert, das die Königliche Gemäldesammlung mit vielen Werken aus dem Goldenen Zeitalter birgt. Allein Jan Vermeers *Mädchen mit dem Perlenohrgehänge* zieht jährlich Tausende Besucher an.

Alte und neue Architektur

20 Minuten Fahrt sind es nun nach Delft, hinter Amsterdam wohl das populärste Touristenziel. Eine schöne altholländische Stadt, in der das berühmte Delfter Blau erfunden wurde, die Basis für die Keramik, die bis heute Tausende Besucher anzieht. All das quasi im Schatten (15 Minuten) von Rotterdam. Stadt und Hafen wurden im Zweiten Weltkrieg von Nazi-Bombern fast völlig zerstört. Aber aus den Trümmen entstanden Europas größter Seehafen (mit attraktiven Bootsrundfahrten) und eine neue Stadt mit Hochhaussilhouette und architektonischen Wahrzeichen. Dazu zählen die Erasmusbrücke über die Maas mit ihrem angewinkelten Pylon für die Schrägseile, die Markthalle von 2014, die sich wie ein teilweise bewohntes Gebäude über die Stände und Restaurants wölbt, schließ-

lich die Kubushäuser von 1984 – Würfel, die auf einer Spitze stehen.
In Holland unterwegs und noch kein Wort über Käse? Gouda ist nach etwa 20 Minuten Fahrt der nächste Halt – insbesondere donnerstags im Sommer, wenn auf dem Marktplatz ein spektakulärer Käsemarkt stattfindet. Zahllose runde und riesige Gouda-Laiber sind auf dem Boden ausgebreitet und wie einst werden sie von zwei Männern mit einer Trage transportiert. Aber auch an anderen Tagen ist der Platz mit seinem historischen Rathaus sehenswert.
Ab Gouda brauchen die Züge rund 60 Minuten bis Amsterdam, wo die Randstad-Runde vollendet ist. Utrecht, auch ein Teil der Randstad, liegt an der Hauptstrecke nach Deutschland und ist ebenfalls einen Stopp auf der Rückreise wert. Das gilt vor allem für Nederlands Spoorwegmuseum, das nationale Eisenbahnmuseum im restaurierten Maliebaan-Bahnhof. Die Ausstellung hat sogar eine eigene Bahnlinie zum Hauptbahnhof Utrecht Centraal.

↑ Museumplein, das Rijksmuseum mit seinem wunderbaren Garten.
↙ Die Wohnhäuser in Würfelform sind längst ein Wahrzeichen Rotterdams.

Info

Nederlandse Spoorwegen (NS), die staatliche Niederländische Eisenbahn, bietet One-Way-Tickets, die nur in einer Richtung genutzt werden können (keine Rückfahrkarten). Sie gelten für einen Tag und erlauben Stopps entlang der Route. Day Tickets erlauben für einen Tag (bis 4.00 Uhr am nächsten Tag) unbegrenzte Fahrten in NS-Zügen und anderen Zügen.
In den meisten Zügen gibt es kostenloses WLAN, neuere Waggons bieten auch Strom und USB-Stecker an den Sitzen.

Fremdenverkehrsbüros finden sich in allen Städten und vielen Gemeinden. Sie sind erkennbar an der Signatur VVV (weiß auf blauem Grund). Meist liegen die Büros zentral, in Amsterdam etwa am Hauptbahnhof, in Den Haag im Stadtzentrum am Spui, in Rotterdam ebenfalls im Zentrum am Coolsingle.

www.ns.nl
www.holland.com/de

6 Flying Scotsman

Biografie eines Zuges

Der schnelle Zug zwischen Edinburgh und London war stets eine der bekanntesten Verbindungen zwischen beiden Städten und ein Spiegelbild der britischen Bahngeschichte. Heute ist der »Fliegende Schotte« ein Solitär im Fahrplan.

Mit dem allmählich wachsenden Inlandsflugverkehr spielte auch die Reisezeit wieder eine größere Rolle. Selbst legendär schnelle Dampfloks mussten schließlich Dieselloks weichen. Die privaten Bahnlinien fusionierten unter wachsendem wirtschaftlichem Druck. Auch die Elektrifizierung der Hauptroute nach Schottland, der East Coast Main Line, kam gut voran. 1991 hatte die gesamte Hauptroute ihre Oberleitungen. Mit wechselnden Regierungen wurden dann Lizenzen für Bahnlinien privatisiert oder wieder vom Staat übernommen – nicht nur auf der Route entlang der Ostküste. Ein Wechselspiel, das anhält. Die Eisenbahnen waren und sind in Großbritannien oft ein umstrittenes Thema der Politik.

Die schottische Hauptstadt, Edinburgh, ist der Startpunkt dieser Bahnreise. Sie beheimatet drei international bedeutende Universitäten, zudem zeigt die Stadt in der Scottish National Gallery sowie der Scottish National Gallery of Modern Art hochrangige Werke der europäischen Malerei. Jeden Sommer feiert die ganze Stadt, wenn das Edinburgh Festival mit ganz unterschiedlichen kulturellen Events und künstlerischen Ausdrucksformen zahlreiche Besucher anlockt.

Tipp

EDINBURGH – WAHRHAFT EIN LITERATUR-BAHNHOF

Gibt es einen Großstadt-Hauptbahnhof, der nach einem Roman benannt ist? Ja, Edinburgh Waverley. »Waverly« war das erste Werk von Walter Scott, das die Gattung des modernen Historienromans begründete. Der Bahnhof ist der Startort des Flying Scotsman. Das nahe Luxushotel Balmoral zeigt auf seiner großen Uhr immer (außer zu Silvester) zwei Minuten zu früh an – letzte Chance für verspätete Bahnreisende.

Von Hauptstadt zu Hauptstadt

5.30 Uhr. Es ist schon fast hell an diesem frühen Sommermorgen in Edinburgh.

→ Von der lichtdurchfluteteten Grand Gallery im schottischen Nationalmuseum in Edinburgh geht es in die verschiedenen Ausstellungen.

Exit

Im Bahnhof Waverley, dem Hauptbahnhof der schottischen Metropole, steht der Flying Scotsman schon bereit. In zehn Minuten, um 5.40 Uhr, verlässt er den Bahnhof und begibt sich auf seine Fahrt nach London – fast ohne Halt unterwegs. Seit 1862 bedient der legendäre Zug diese Verbindung. Damals startete um 10 Uhr je eine Lok mit Waggon an beiden Enden der Linie, eine im schottischen Edinburgh und eine im englischen London. 2011 wurde der Fahrplan umgestellt, seither gibt es nur noch die viel frühere Abfahrt auf Südkurs in Schottland. Einen Gegenzug in Richtung Norden gibt es nicht mehr. Dafür »fliegt« der Zug nun wirklich: Nach genau vier Stunden ist er an der Themse. Allein in Newcastle hält er einmal kurz. Die Endstation ist dann nach 623 Kilometern um 9.40 Uhr mit dem Bahnhof King's Cross erreicht, das aber nur von Montag bis Freitag, denn am Wochenende macht der Schotte auf Gleisen Pause.

Ohne anzuhalten durchfährt der Zug unmittelbar nach der Grenze zu England den Northumberland-Nationalpark, einen geschichtsträchtigen Park mit einer äußerst geringen Bevölkerungsdichte. 3000 Menschen leben im Parkgebiet, das südlich an den Hadrianswall angrenzt. Wer es mal einrichten kann, richtig hierherzukommen, statt nur hindurchzubrausen: Wanderer finden hier ein landschaftliches Paradies mit wunderschönen Aussichten vor.

Bedeutende Städte und herbe Landschaften

Newcastle, Englands nördlichste Großstadt, ist der erste wichtige Halt südlich der schottischen Grenze. Die Stadt (offiziell: Newcastle upon Tyne) hat eine lange Historie als Kohle- und Industriestandort, hier errichtete Robert Stephenson (der Sohn des Eisenbahnpioniers George Stephenson) 1823 die weltweit erste Fabrik für Dampflokomotiven. Robert Stephenson konstruierte für Newcastle auch die doppelstöckige High Level Bridge, die getrennte Ebenen für den Straßen- und den Eisenbahnverkehr besitzt. Durch ihre besondere Höhe ermöglicht diese Brücke auch größeren Schiffen die Passage auf dem River Tyne. Die traditionsreiche Universitätsstadt Durham wirbt mit ihrem Schloss und ihrer Kathedrale, die beide auf der Liste des Weltkulturerbes verzeichnet sind, erfolgreich um Touristen. Die Universität ist nach Oxford und Cambridge die drittälteste des Landes.

Ein weiteres landschaftliches Highlight steht nördlich von York an: die North Yorkshire Moors, eine wildromantische Region mit verträumten Tälern und sanften Hügeln, die fantastische Ausblicke ermöglichen. Im Osten grenzt das

↓ Das Fischerdorf Staithes liegt im North Yorkshire Moors National Park.

Tipp

LONDON – KING'S CROSS UND ST. PANCRAS

Direkt neben King's Cross, dem Zielbahnhof des Flying Scotsman in London, liegt der Bahnhof St. Pancras, ein viktorianisches Architekturjuwel. Wichtiger noch: Reisende aus Schottland können mit ein paar Schritten zu den Hochgeschwindigkeitszügen nach Paris, Amsterdam und Brüssel umsteigen. Auf den Gleisen 5–10 starten die Eurostar-Züge, die durch den Tunnel unter dem Ärmelkanal zum Kontinent brausen.

Gebiet an die Nordsee und hat somit zusätzlich zum je nach Wetter etwas morbiden Flair einer Moorlandschaft auch den frischen maritimen Charakter der See zu bieten.

Das von den alten Römern gegründete York, der spätere Namenspate des amerikanischen New York, zieht vor allem mit seiner verwinkelten Altstadt, der Stadtmauer und der gotischen Kathedrale (York Minster) viele Touristen an. Beim Bahnhof von York liegt das berühmte Nationale Eisenbahnmuseum, dessen Lokomotivensammlung die größte der Welt sein soll. Hier stehen auch die Loks Flying Scotsman und Mallard, die mit 203 km/h immer noch den Rekord für Dampfloks hält. Die beiden berühmten Loks waren im nahen Doncaster hergestellt worden, die Fabrik ist aber inzwischen größtenteils stillgelegt. Auch Peterborough, bekannt durch seine schöne mittelalterliche Kathedrale, profitierte wirtschaftlich von der East Coast Main Line und der Nähe zu London. King's Cross Station ist nur etwa eine Stunde entfernt.

Alle Züge, die hier verkehren, haben zwei Wagenklassen, in der zweiten Klasse mit je zwei Doppelsitzen, in der ersten Klasse mit einem Doppel- und einem Einzelsitz je Reihe. Sie sind mit Steckdosen versehen, es gibt kostenlosen Internetzugang. Die Passagiere der preisgünstigeren Klasse können sich in einem Bordcafé verköstigen. Den Fahrgästen in der ersten Klasse werden Mahlzeiten gratis am Platz serviert, je nach Tageszeit und Route beispielsweise diverse Sandwiches oder

↗ Auf gerader Strecke geht es in voller Fahrt durch die Felder.
← Das London Eye bietet tolle Aussichten, hier auf die Houses of Parliament.

kleine warme Gerichte. Auch die Getränke sind im Fahrpreis inbegriffen, inklusive Alkoholika. Wein, Bier und Cocktails gibt es allerdings nicht für die Reisenden in der Nobelklasse des Flying Scotsman: Diese Drinks werden generell erst ab 10.30 Uhr serviert. Der Flying Scotsman, der um 5.40 Uhr in Edinburgh startet, ist wie schon erwähnt bereits um 9.40 Uhr in London.

»Kein Gratis-Alkohol im Flying Scotsman.«

Info

Freie Erste-Klasse-Restplätze im Flying Scotsman und anderen Fernzügen der London North Eastern Railway kann man online – oft zu Schnäppchenpreisen – über Seatfrog-Auktionen ersteigern. Das System arbeitet auch mit anderen Bahnlinien zusammen.

Der Royal Scotsman ist eine separate Bahnlinie, die ab Edinburgh in teuren Luxuszügen mehrtägige Fahrten durch die Highlands unternimmt. Zum Dinner wird an Bord Abendgarderobe erwartet.

Wer in London nach Wechsel zum St.-Pancras-Bahnhof mit dem Eurostar weiterreist, sollte mindestens 30 Minuten vor Abfahrt am Check-in sein. Eurostar empfiehlt sogar seit dem Brexit und der nun notwendigen Pass-und Zollkontrollen, 90 Minuten einzuplanen.

www.lner.co.uk/
seatfrog.com/partners/lner/
www.eurostar.com

7 Auf der Isle of Man

Die Insel der Trains & Trams

Mitten in der Irischen See gelegen ist die Isle of Man in mancherlei Hinsicht ein Kuriosum. So fahren zum Beispiel im Sommer täglich zwar fünf Eisen- und Straßenbahnen, aber alle sind museumsreif. Gerade deshalb kommen viele Touristen.

Manx. Den Namen findet man kaum auf Landkarten und Atlanten. Wer aber einmal auf der Insel war, weiß, was das bedeutet: Die Bewohner der Isle of Man, die in der Irischen See zwischen Irland und Großbritannien liegt, nutzen gerne den alten gälischen Namen für ihre Heimat, weil Manx kurz und praktisch ist. Großbritannien? Ist die Insel nicht ein Teil von Großbritannen? Jein. Die Insel ist politisch autonom, wird aber außen- und sicherheitspolitisch von der britischen Regierung in London vertreten.

Staatsrechtlich komplizierte Gegebenheiten

Die Isle of Man, schriftlich gerne abgekürzt als IoM, ist im direkten Besitz der Krone, derzeit also König Charles III. Er ist auch das Staatsoberhaupt der Insel, dort firmiert er aber nicht als König, sondern als »Lord of Mann« (Mann ist die alte Schreibweise). Das ist schon kompliziert genug, aber es geht noch verwirrender: Die Insel Man ist weder eine Kronkolonie noch Teil des Vereinigten Königreichs (United Kingdom). Sie hat auch ein eigenes Parlament, den anno 979 gegründeten Tynwald – die älteste durchgängig bestehende Volksvertretung der Welt. Die Parlamente der Färöer-Inseln und Islands sind zwar noch älter, waren aber nicht durchgehend aktiv. Soweit dieser kurze Exkurs, Staatsrechtler könnten ihm noch mühelos umfangreiche Ergänzungen hinzufügen. Wichtiger ist, dass diese Inselpolitiker schon recht frühzeitig ein Verkehrssystem entwickelten, das Manx heutzutage zu einem besonders attraktiven und vielfältigen Ziel für Eisenbahnfans macht. Die 572 Quadratkilometer große Insel besitzt noch fünf miteinander nicht verbundene Bahnen mit einer gesamten Streckenlänge von 68,5 Kilometer Länge, von denen gut 43 Kilometer elektrifiziert sind.

Von der Minenindustrie zum Tourismus

Die älteste und bekannteste Linie ist die Isle of Man Steam Railway. Ihre einzige Strecke führt von der Inselhauptstadt Douglas nach Port Erin und ist knapp 25 Kilometer lang. Der erste Abschnitt bis Peel wurde 1873 in Betrieb genommen, der zweite Abschnitt nach Port Erin im Jahr darauf. Die Bahn wurde gebaut, weil auf Man seinerzeit noch Bleierz abgebaut wurde. Seit 1911, als die Nachfrage nach Blei zurückging, sind die Minen geschlossen. Die Schmalspurbahnen, die diese Phase überlebten, suchten ein neues Geschäftsmodell im Tourismus, allen vo-

↑ Douglas in seiner breiten Bucht und der Einfahrt zum South Quay Harbour.
↙ Raue Küstenlandschaft auf der Isle of Man.

Tipp

PORT ERIN –ROYALE SALONS IM BAHNMUSEUM

Das Isle of Man Railway Museum liegt direkt neben dem Bahnhof von Port Erin – mit einem gültigen Bahnticket ist der Eintritt frei. Zur informativen Sammlung gehören unter anderem zwei Lokomotiven und Salonwagen, mit denen früher Englands gekrönte Häupter oder der Gouverneur als Stellvertreter der Monarchen über die Isle of Man reisten. Das Museum ist immer geöffnet, wenn die Isle of Man Railway fährt.

ran die Isle of Man Railway.
Die Isle of Man Steam Railway ist – wie alle Museumsbahnen (Heritage Trains) auf der Insel – nur von etwa März bis Oktober unterwegs. Alle Loks und Waggons sind historische Originale. Die gemütliche Fahrt von Douglas bis zur Endstation in Port Erin dauert etwa eine Stunde. Während der Hochsaison (Juli – August) werden täglich bis zu sieben Abfahrten je Richtung angeboten. Manche Haltepunkte zwischen Douglas und Port Erin werden nur auf Wunsch von Passagieren und nach Anmeldung genutzt, zum Beispiel Ronaldsway. Dort ist auch der internationale Flughafen der Insel. Es wird wohl weltweit nur wenige Flughäfen mit Dampfzuganschluss geben.
In manchen Zügen der Isle of Man Railway ist auch die sorgfältig restaurierte Dinning Car von 1905 mit angekuppelt, diese Termine werden auf der Website der Bahn angekündigt. Original-Speisewagen für Schmalspurbahnen sind eine Rarität. Auf der Isle of Man wird der Waggon hin und wieder auch für Sonderfahrten benutzt, ein Beispiel sind die beliebten Pie and Mash Tours, bei denen die in englischsprechenden Ländern bekannten gefüllten Blätterteigpasteten mit Erbspüree und Kartoffelstampf serviert werden.

»Auf der Insel ist der König der Lord.«

Mit einer Pferdestärke über die Insel

Die eigentlich älter wirkende Pferdetram, die Douglas Bay Horse Tram in Douglas, nahm erst 1876, also drei Jahre nach der Dampfbahn, ihren Betrieb auf. Sie rollt seither über die Seepromenade von der Victoria Pier bis zur 2,8 Kilometer entfernten Endhaltestelle Derby Castle. Im Tram-Depot stehen 23 Waggons, in den Stallungen sind etwa 45 Pferde heimisch. Die 1-PS-Tram ist eine echte Touristenattraktion, es gibt weltweit wohl nur noch eine andere aktive Pferdetram, in South Australia. Die Politiker in Douglas hadern immer wieder mit dem Defizit, das die Bahn meistens macht. 2016 war es sogar schon einmal beschlossene Sache, die Wagen zu verkaufen und die Pferde in die Haferrente zu schicken. Aber die Insulaner stimmten mehrheit-

← Die Tram mit einer Pferdestärke ist in Douglas noch immer in Betrieb.
↗ Häuschen in der Niarbyl Bay mit traditionellem Reetdach.

Tipp

ISLE OF MAN – ZUR TT VÖLLIG AUSGEBUCHT

In der letzten Mai- und der ersten Juniwoche fallen mehr als 40 000 Motorradfans ein. Grund ist die Isle of Man TT (für Tourist Trophy): Nach einer Woche Training folgt die Rennwoche. Der 60-Kilometer-Kurs auf abgesperrten Straßen rund um den Snaefell Mountain muss mehrfach gefahren werden. Dabei werden auch die Gleise der Snaefell Mountain Railway überquert. Klar: Die Biker haben dann Vorfahrt.

lich für den Erhalt ihrer Promenaden-Veteranen.

In Derby Castle wartet die etwas jüngere Manx Electric Railway, die 1893 in Betrieb ging und 1899 vollendet war. Die Überland-Straßenbahn, die dritte der Museumsbahnen, ist in der Tat ein lebendes Museum. Die Fahrzeuge stammen alle aus dem 19. Jahrhundert und aus der Frühzeit gehobener Elektrotechnik. Die bunte Wagenmischung wurde lediglich sicherheitstechnisch aufgerüstet, etwa mit modernen Bremssystemen. Die Strecke bis nach Ramsey, ein kleiner, geschichtsträchtiger Hafen an der Steilküste im Norden der Insel, ist 27,4 Kilometer lang, die Spur der Manx Electric

Railway ist 914 Millimeter weit.
Der erste Halt der Bahn hinter Douglas ist Groudle Glen, wo in der Nähe der Station der kleine Bahnhof des Groudle Glen Railway zur kürzesten historischen Bahnfahrt auf der Isle of Man einlädt. Die ebenfalls kleinen Dampfloks ziehen ihre Wagen von Lhen Coan über die nur 900 Meter lange Strecke (mit 2-Fuß-Spur / 610 mm) nach Sea Lion Rocks. Das 1896 eröffnete Bähnchen brachte Touristen zu einem gleichzeitig eingerichteten Zoo mit Seelöwen, in den Weltkriegen und nach einem Erdrutsch fuhr die Bahn nicht mehr, bis engagierte Bahnenthusiasten 1986 den Betrieb (ohne Zoo) wieder aufnehmen konnten.
Bei der Station Laxey der Manx Electric Railway beginnt die Snaefell Mountain Railway ihre Fahrt auf den 621 Meter hohen Snaefell, den höchsten Berg der Insel. Die elektrische Bergbahn ist seit 1896 auf der teilweise steilen Strecke mit Kapspur (1067 Millimeter) unterwegs. Nach acht Kilometern wartet am Gipfel ein Café auf Besucher.

↑ **Das Rad der Wassermühle in Groudle Glen fällt in all dem Grün schön auf.**
↙ **Mit Liebe zum Detail wurden diese Waggons einst gebaut.**

Info

Schwanzlose Katzen sind ein Wahrzeichen von Manx. Wichtiger: Die Insel hat ihre eigene Währung, das Isle-of-Man-Pfund. Es gilt nur dort und ist wertgleich mit dem britischen Pfund. Manx hat auch eigene Briefmarken – wie die Geldscheine ein beliebtes Souvenir.

Das Welcome Centre, die zentrale Touristen-Information, befindet sich im Sea Terminal in Douglas. In vielen Orten gibt es überdies lokale Info-Points, oft in der örtlichen Verwaltung oder in Büchereien. Das Welcome Centre verkauft auch Tickets für Veranstaltungen auf der Insel.
Die Go Explore Card dient für fast alle Verkehrsmittel inklusive der Museumsbahnen. Man kann sie für einen oder mehrere Tage kaufen. Die Heritage-Variante enthält auch den Eintritt in Museen und historische Bauten.

www.visitisleofman.com
www.visitiom.co.uk/
www.iombusandrail.im

8 Mallorca – mit der Elektrischen übern Berg

Die Oldtimerwaggons des Tren Sóller

Weil die Orangen von den Bäumen nach Palma mussten, erhielt Sóller auf Mallorca vor mehr als hundert Jahren eine Eisenbahn. Die Früchte fahren inzwischen per Lastwagen über die Berge, aber der Orangenexpress wurde zur Touristenattraktion.

Darauf ist Mallorca stolz: Ein mehr als hundert Jahre altes Industriedenkmal, das immer noch fast klaglos seinen Dienst versieht und jährlich von bis zu einer Million zahlender Gäste benutzt wird. Die Rede ist vom Ferrocarril de Sóller, der historischen Eisenbahn, die seit 1911 Mallorcas Hauptstadt Palma mit der schmucken Kleinstadt Sollér im Westen verbindet. Schon damals war der Tren Sóller seiner Zeit voraus. Die Schmalspurbahn (914 Millimeter) fuhr zumindest von 1929 an ausschließlich mit Elektrizität. Die Bahn erhielt in Sóller sogar ein eigenes Elektrizitätswerk, und nicht nur dort wirkte Siemens-Schuckert, eine frühe Elektro-Division des heutigen Siemens-Konzerns, kräftig mit.
Die kleine Reise in die (abgesehen von den ersten Dampflokjahren) abgasfreie Vergangenheit und die nachhaltige Gegenwart beginnt im Zentrum der Stadt, an der Plaça de Espanya. Dort sind die Bahnsteige der Eisenbahn von Mallorca und der Metro der Stadt unter dem Kopfsteinpflaster des Platzes verschwunden. Zu ebener Erde steht gegenüber das alte Bahnhofsgebäude, ein bescheiden wirkender Bau aus braunen Ziegelsteinen, der aber unübersehbar an der Fassade verkündet: Ferrocarril de Sóller. Für die

← Die wuchtige Kathedrale La Seu in der Inselhauptstadt Palma ist ein Monumentalbau direkt am Meer.

Tipp

PALMA DE MALLORCA – ZIEL ALLER BAHNLINIEN

Viele Touristen wissen es nicht und brauchen es aus nicht: das Eisenbahnnetz der Insel. Drei Linien gibt es, alle ab Palma und abseits der Urlaubszentren: Linie 1 führt nach Inca im Landesinneren, Linie 2 über Inca nach Sa Pobla im Norden, Linie 3 via Inca nach Manacor im Osten. Inca ist das Zentrum der Lederbranche, Sa Pobla wird gerühmt für Kartoffeln, Manacor ist die drittgrößte Stadt der Insel.

Einheimischen hätten zwei Buchstaben ausgereicht: FS. So nennen die meisten Mallorquiner die Bahn nach Sóller. Aber die große Mehrzahl der Fahrgäste sind Touristen, und die können mit der Abkürzung nichts anfangen.

Hit in den sozialen Medien

Seit 1912 rollt der Zug mehrmals täglich in gut einer Stunde an die Nordwestküste, die Frequenz richtet sich nach der Tageszeit und der touristischen Saison. Die Bahngesellschaft setzt fast nur die von den Inselbesuchern geliebten Oldtimerwagen ein – vor Abfahrt der meisten Züge gibt es deshalb oft ein kleines Selfie-Gedränge vor der (in den Waggon integrierten) Kabine des Lokführers. Die rötlich-braun lackierten Holzwagen und ihr altes Erscheinungsbild haben die Sóller-Züge zu einem der Wahrzeichen auf Deutschlands Ferieninsel Nr. 1 gemacht. Im Inneren der Waggons haben die lederbezogenen Sitzbänke bewegliche Lehnen, so können die Passagiere entweder in Fahrtrichtung auf die wirklich schöne Landschaft blicken oder mit gegenübersitzenden attraktiven Mitreisenden flirten. Eine Alternative sind die offenen Plattformen am Wagenende, die wie ein kleiner privater Balkon wirken.

»Der Zug fährt in vielen Schleifen hinab ins Goldene Tal …«

Wenn der Zug den Bahnhof und die Innenstadt verlassen hat, rollt er zunächst über die Küstenebene, aber am nahen Horizont sind die Gipfel der Westküste schon gut zu erkennen. Auf dem Weg in die Berge liegen vier kleine Haltepunkte, die aber im Gegensatz zur fünften Station, Bunyola, nicht immer genutzt wer-

↗ Unterwegs im Tal des Goldes, begleitet vom Duft der Zitrusplantagen.
← Palmen in den Jardines de Alfabia in Bunyola.

den. Das Dorf Bunyola liegt am Fuß der Serra de Tramuntana, dort steigen oft die Bergwanderer aus. Die Bergkette, die vielen Mallorca-Freunden als der landschaftlich schönste Teil der Insel gilt, erstreckt sich über eine Breite von mehr als 90 Kilometern entlang der gesamten Westküste. Das Gebirge ist seit 2011 ein Weltnaturerbe. Die Gipfel steigen am höchsten Berg Mallorcas, dem Puig Major, auf bis zu 1445 Meter. Rings um Sóller sind sie rund 800 Meter hoch.
Hinter Bunyola steigt die Bahntrasse an und muss die Serra de Tramuntana überwinden. Das gelingt ihr nur durch den längsten der 13 Tunnel, der 2856 Meter lang ist und in dem auch der höchste Punkt der Strecke liegt. Jenseits des Tunnels ändert sich die Landschaft. Der Zug fährt in vielen Schleifen und über ein geschwungenes 5-Bögen-Viadukt hinab ins Goldene Tal bei Sóller, in dessen mildem Mikroklima Orangen, Zitronen, Mandeln, die im Februar prächtig blühen, und Olivenbäume trefflich gedeihen. Letzteren verdankt das Tal sein flüssiges Gold, das Olivenöl. Im Spätsommer beherrscht die Farbe der reifen Orangen

Tipp

BUNYOLA – MAURISCHE GARTENKUNST

Gartenfreunde steigen auf der Fahrt zwischen Palma und Sóller gerne in Bunyola aus, denn bei dem Dorf liegt einer der schönsten und ungewöhnlichsten Parks Mallorcas. Die Jardins d'Alfàbia sind ein Werk maurischer Gartenbaukunst, durchzogen von Kanälen und voller exotischer Pflanzen. Ein Wesir, der seinerzeit Spaniens König Jaume I. gegen die maurischen Besatzer geholfen hatte, erhielt zum Dank das Gelände.

das Tal – und den Zitrusfrüchten verdankt Sóller seine Eisenbahn, auch Orangenexpress genannt. Die Farmer mussten fortan ihre Ernten nicht mehr mit Eselskarren über Saumpfade gen Palma transportieren.
In der dank seiner schmucken Stadtvillen eleganten Kleinstadt Sóller ist die Eisenbahn ein »Großunternehmen«, zumindest wirkt es am Bahnhof mit seinen Werkstätten so. Überraschend ist auf den ersten Blick der karibische Kolonialbaustil in der Gran Via, ihn brachten Heimkehrer mit, die in der Ferne zu Wohlstand gekommen waren. Beherrscht wird das Stadtbild von der ausgefallenen Fassade der Kirche Sant Bartomeu.

Hand in Hand mit der Tram

Das Zentrum der Altstadt, die Plaza Constitución, ist etwa drei Kilometer entfernt von Port Sóller, dem weiten Naturhafen, dessen Strände Ziel vieler Tagesurlauber sind und an dessen Kais nicht nur Orangen ein-, sondern zum Beispiel auch die Fischfänge ausgeladen werden. Um diese Waren zwischen dem

Hafen und dem Bahnhof in der Stadt zu transportieren, wurde bald nach Vollendung der Eisenbahn eine Straßenbahnlinie gebaut. Die Tram, die wie die Eisenbahn von der Ferrocarril de Sóller geführt wird, ließ sogar einen speziellen Kühlwagen für die Fische bauen. Aber der Tram erging es wie der Eisenbahn. Als Frachttransporteur werden beide kaum noch benötigt, aber als Touristenattraktion sind sie wichtiger denn je. Deshalb hat auch die Tram ausschließlich fotogene Oldtimer im Einsatz, darunter einige Waggons, die einst in Portugal ihren Dienst taten. Die Linie wurde bereits 1913 in Betrieb genommen, ein Jahr nach der Eisenbahn von Palma nach Sóller. Im Bahnhof von Sóller, selbst eine Sehenswürdigkeit, bieten Bahn und Tram den perfekten Anschluss. Die Mallorquiner nennen die Straßenbahn freundlich-ironisch den Roten Blitz. Andererseits: Flink ist die Tram schon. Fünf Kilometer mit 17 Haltestellen in 15 Minuten – nicht schlecht. Tagsüber ist die Bahn halbstündlich unterwegs, auch sie natürlich auf Schmalspur und manchmal ein wenig wackelig. In kriegerischen Zeiten werden die Trambahnführer gewiss behutsam gefahren sein, wenn sie Torpedos und andere Munition zu den U-Booten im Hafen von Sóller transportierten …

↑ Hafenromantik in Port de Sóller an der mallorquinischen Nordwestküste.
↙ Mit Holzwaggons ist der öffentliche Nahverkehr in Port de Sóller unterwegs.

Info

An den Ticketschaltern des Ferrocarril de Sóller werden neben Einzel- auch Kombi-Fahrscheine für die historische Eisenbahn und die Tram in Port Sóller verkauft. Sie sind preislich günstiger.

Bei der Abfahrt von der Serra de Tramuntana nach Sóller halten einige Züge am Aussichtspunkt Pujol d'en Banya für einen kurzen Fotostopp. Im Bahnhof in Palma kann man Genaues erfahren.

Im 500-Tunnel, benannt nach seiner Länge, wendet sich die Trasse unmerklich für die Passagiere um fast 180 Grad. Deshalb geht der Blick ins Tal nach dem Tunnelausgang nun auf der linken statt wie vorher auf der rechten Seite des Zuges hinunter.

Im Bahnhof Sóller wurde ein kleines Museum mit Werken der Maler Joan Miró (1983 in Palma gestorben) und Pablo Picasso eingerichtet. Der Zutritt ist frei.

trendesoller.com/deu/

9 Deutschlands älteste Hochgebirgszahnradbahn

Wunderwerk am Wendelstein

Eines der schönsten Ausflugziele zwischen München und Salzburg ist der Wendelstein. Den Gipfel mit der höchstgelegenen Kirche Deutschlands erreichen wir auf einer atemberaubenden Fahrt per Zahnradbahn.

Es muss keine große Wanderung sein, die einen zum Gipfel bringt. So finden wir in Brannenburg in Bayern die Wendelsteinbahn, die neben der Zugspitzbahn, Drachenfelsbahn und der Zahnradbahn Stuttgart eine der vier noch in Betrieb befindlichen deutschen Zahnradbahnen ist.

Anreise leichtgemacht

Die Fahrt mit der ältesten Hochgebirgs-Zahnradbahn beginnt gemächlich im Tal mit einer stetigen Geschwindigkeit. Die ersten Minuten unserer Fahrt erscheinen nicht so spektakulär, da wir überwiegend durch den Wald fahren. Allerdings bieten sich uns immer wieder herrliche Panoramablicke. Am Zwischenhalt Aipl halten wir für kurze Zeit an, um die entgegenkommende Bahn durchzulassen, da die Strecke überwiegend eingleisig ist. Nach diesem Stopp öffnet sich die Land-

← Vom Wendelstein hat man atemberaubende Ausblicke.
↗ Gemütliche Fahrt mit der Zahnradbahn.

schaft und wir genießen die atemberaubenden Aus- und Weitblicke in aller Ruhe.

Wenn man bedenkt, dass die Wendelsteinbahn vor über 100 Jahren mit viel Mühe erbaut wurde, erscheint uns die Fahrt noch viel spektakulärer. Immer wieder durchqueren wir Tunnel und Galerien, die damals mühsam in den Felsen gehauen wurden, was unsere Fahrt abwechslungsreich und spannend macht. Nach – leider nur – 30 Minuten erreichen wir den Bergbahnhof, der auf 1723 Meter Höhe liegt. Wir gehen durch einen Tunnel, der uns durch den Berg auf die Terrasse mit Biergarten führt. Dort befindet sich in Sichtweite eine Treppe mit einem erhöhten Vorsprung. Von dort haben wir einen sensationellen Blick auf die grandiose Landschaft.

Links vom Tunnel liegt die höchstgelegene Kirche Deutschlands. Diese wurde auf Initiative der ersten Wirtin des Wendelsteinhauses erbaut. Links von der Kirche finden wir den Eingang zur Wendelsteinhöhle, Deutschlands höchstgelegener Schauhöhle. Wir lassen es uns nicht entgehen, über 82 Stufen hinabzusteigen und die Höhle zu erkunden.

Natürlich wandern wir über den gesicherten Weg zum Berggipfel und freuen uns auf das einzigartige 360-Grad-Panorama mit – bei schönem Wetter – bis zu 200 Berggipfeln. Über den Gipfelweg erreichen wir auch die Sternwarte. Im Sommer kann man an einer kostenlosen Führung im Observatorium teilnehmen.

Info

Die Zahnradbahn fährt täglich ab 9.15 Uhr, letzte Talfahrt um 17.00 Uhr. Einfache Fahrt Zahnradbahn ab 27 EUR, Kombiticket Zahnrad- und Seilbahn ab 41 EUR. Betriebsinfo und Wetterbericht sind einsehbar auf der aktuellen Webseite wendelsteinbahn.de

Die Führungen in der Sternwarte finden jeweils an zwei Freitagen um 14 und 15 Uhr von Juni bis Ende September statt, müssen aber angemeldet werden, siehe wendelsteinbahn.de

Im Wendelsteinhaus befindet sich ein wenig versteckt im Keller bei den Toiletten ein Raum mit Infotafeln über die Geschichte und den Bau der Bahn im Jahr 1910. Mit acht Galerien, sieben Tunneln, zwölf Brücken und aufwendigen Stützmauern ist die erste hochalpine Zahnradbahn eine technische Pionierleistung.

10 Von Wien nach Mürzzuschlag

UNESCO-Welterbe Semmeringbahn

Auf unserer Fahrt mit der Semmeringbahn, die seit 1998 zum Welterbe gehört, bewundern wir neben herrlichen Berglandschaften auch zahlreiche, völlig intakte Meisterwerke der Pioniereisenbahn-Baukunst.

Für unseren Ausflug ab Wien fahren wir bis zum Bahnhof Wolfsbergkogel und wandern nach Breitenbach, um dann bis Mürzzuschlag weiterzufahren. 42 Kilometer lang ist die Strecke der Semmeringbahn, die uns durch 14 Tunnel und über 16 Viadukte führt. Die wichtigsten Haltestellen sind wahrscheinlich Breitenbach, Wolfsbergkogel und Semmering. Unsere absoluten Highlights der Fahrt sind die Überquerung des Krauselklause- und des Kalte-Rinne-Viadukts.

Spektakuläre Aussichten

Morgens geht's ab Wien mit dem Regionalzug los. Bis Payerbach-Reichenau fahren wir in 1,5 Stunden durch. Die Fahrt bis dahin ist eher unspektakulär. Wilde Bergketten gibt es bis hier noch nicht zu sehen, sie lassen sich aber bereits am Horizont erahnen. In Payerbach steigen wir

← Mürzzuschlag ist eine beschauliche Kleinstadt am Semmering.
→ Direkt beim Hotel Panhans in Semmering liegt diese wunderbare Kapelle.

CASSA
Dunaj - Trst
SStb. № 04

in den nächsten Regionalzug, der – gut aufeinander abgestimmt – das Herz höherschlagen lässt: Alte Sitze und herunterziehbare Fenster erscheinen uns schon fast »retro«. Ab jetzt wird die Fahrt richtig spektakulär: Tiefe Täler, hohe Berge und steile Felswände dominieren die Landschaft. Es gilt, jede Minute der Zugfahrt zu genießen.
Unser erster Halt ist die Station Wolfsbergkogel, um zwei ganz wundervolle Aussichtspunkte zu besuchen. Die Fahrtzeit bis hier betrug ungefähr 30 Minuten. Vom Bahnhof aus sind die Aussichtpunkte Doppelreiterwarte und 20-Schilling-Blick nach einer kurzen Wanderung zu erreichen. Direkt vor dem Bahnhof Wolfsbergkogel befindet sich eine Übersichtskarte zur Orientierung. Darauf sind die beiden Aussichtspunkte auch eingezeichnet. Es ist insgesamt ein sehr schöner Spaziergang von maximal 30 Minuten, der sich lohnt. Denn von beiden haben wir einen einzigartigen Blick auf das Krauselklause- und das Kalte-Rinne-Viadukt.

↖ Eine luxuriöse, antiquierte Art zu reisen.
↙ Das Viadukt Krauselklause der Semmeringbahn.

»Wo man hinfährt, ist egal. Wichtig ist die Entscheidung, einzusteigen.«

Zugführer Polarexpress

Wer will, läuft entweder zurück zum Bahnhof oder wandert ca. eine Stunde weiter zum Bahnhof Semmering zur Weiterfahrt nach Mürzzuschlag, was etwa 15 Minuten Fahrtzeit dauert. Oder wir wandern weiter von Simmering zum Bahnhof Breitenstein. In der Nähe von Breitenstein können wir das weltweit einzige Museum von Carl Ritter von Ghega, dem Erbauer der Semmeringbahn, besuchen. Ca. 150 Exponate erzählen uns vom Leben und Werk des genialen Baumeisters.
So bereisen wir zwar nicht die gesamte Bahnlinie, unternehmen aber eine herrliche Wanderung mit tollen Ausblicken auf atemberaubende Viadukte und gewölbte steinerne Brücken.

Info

Von Gloggnitz bis nach Mürzzuschlag beträgt die Fahrtzeit ca. 1 Stunde. Tickets ab EUR 2,50. Von Wien aus ist man ca. 2,5 Stunden unterwegs. Hin- und Rückweg sind problemlos an einem einzigen Tag zu bewältigen. Es gibt unterschiedliche Züge und Möglichkeiten, die Strecke zu befahren. Am schönsten und authentischsten ist sicherlich die Fahrt mit der Regionalbahn. Hier ist zwar ein Umstieg nötig, dafür versprüht der Zug aber seinen ganz eigenen Charme (und die Fenster lassen sich für Fotos teilweise öffnen). Tickets gesamt ca. 30 EUR.

Es lohnt sich, das Welterbe-Infozentrum direkt am Bahnhof Semmering zu besuchen.

11 In Budapest auf den Schwabenberg

Drittälteste Zahnradbahn der Welt

Bei unserem Ausflug in Budapest fahren wir mit der Schwabenbergbahn und machen anschließend eine Fahrt mit der Pioniereisenbahn, um dann ganz entspannt mit dem Sessellift hinab zu schweben.

Budapest ist unser Eldorado bezüglich Fortbewegung mit Bahnen. Eine dieser Bahnen ist die Zahnradbahn, die bereits 1874 in Betrieb ging und damals erst die Dritte war, die weltweit gebaut wurde. Die drittälteste Schwabenbergbahn – auf Ungarisch Fogaskerekű Vasút – ist heute noch in Betrieb.

Wir starten unser Abenteuer vom zentrumsnahen Városmajor (Stadt-Meierhof), in der Nähe des Széll Kálmán und des Südbahnhofs (Déli pályaudvar), und lassen uns mit der Linie 60 auf den 420 Meter hohen Schwabenberg (Svábhegy) mit der Endstation Széchenyi hegy, Gyermekvasút, fahren. Die Strecke ist etwa 3,7 Kilometer lang und überwindet etwas mehr als 300 Höhenmeter. Dabei stoppen wir in Szent János Kórház, Orgonás, Esze Tamás iskola, Erdei iskola, Adonis utca, Városkút, Svábhegy und Művész út.

Das andere Budapest

Diese Fahrt ist ein absolutes Muss, wenn man ein ganz anderes Budapest entdecken möchte. Gleichzeitig verlässt man

← Wer nicht zu Fuß ins Burgviertel aufsteigen möchte, nimmt die Zahnradbahn.
↗ Klassische Ansicht von Budapest.

den Trubel und stürzt sich in die Naherholung der Budapester Einwohner – abseits der üblichen Touristenpfade. Übrigens wurde 1973 der gesamte Wagenpark erneuert. Die bis heute im Einsatz stehenden sieben Doppeltriebwagen wurden von Simmering-Graz-Pauker (Fahrzeugbau) und BBC Österreich (elektrische Ausrüstung) gebaut (siehe Kapitel 10, Seite 66).
An der Endstelle Gyermekvasút steigen wir dann um in die zwölf Kilometer lange Gyermekvasút, eine Kindereisenbahn. Die Schmalspurbahn wurde ursprünglich als Pioniereisenbahn auf dem Schwabenberg gebaut. Zurück schweben wir dann mit dem Sessellift. Nur wenige Städte können wir so entdecken!
Natürlich lassen wir uns in Budapest den Heldenplatz mit der zentralen Säule des Erzengel Gabriels, den Vörösmarty-Platz mit der Statue des ungarischen Dichters Mihály Vörösmarty, die große Synagoge von Budapest – übrigens die zweitgrößte der Welt –, die große Markthalle, die Széchenyi-Bäder, die St.-Stephan-Basilika, das wunderschöne ungarische Parlament, den Burgpalast mit der Standseilbahn, die wunderbare Matthiaskirche und die einzigartige Fischerbastei nicht entgehen.

Info

Tickets können online gebucht werden. Informationen unter bkk.hu
Einzelfahrten ab ca 1 EUR, Tagestickets ab ca 7 EUR, Kulturerbe-Tickets sind an den Fahrkartenschaltern und in den Kundenzentren sowie bei den Mitarbeitern der Denkmalpflege erhältlich. Kosten auf Anfrage.

Neben den öffentlichen Verkehrsmitteln stehen noch der öffentliche Fahrradverleih MOL Bubi, Taxis oder Verkehrsmittel wie die Standseilbahn, Sessellift, Schiff oder die Sightseeing-Straßenbahn zur Verfügung.

Die Kirschblüte, hier in Caimari in der Serra de Tramuntana auf Mallorca, zählt mit ihrer rosa oder weißen Blütenpracht zu den schönsten Frühlingsboten.

Mit dem Zug unterwegs in Europa

33 Länder mit einem Bahnpass

Unglaublich einfach lässt sich Europa mit dem Interrail Eurail Ticket bereisen. Das Zugunternehmen bietet verschiedene Pässe für unterschiedliche Strecken. Diese kann man für Erwachsene ab 28 Jahre, Jugendliche bis 27 Jahre, Kinder, aber auch für Senioren kaufen und bis zu elf Monate später reisen. Zudem kann man die Tage im Monat bzw. in den Monaten auswählen, die man mit dem Zug unterwegs ist. Am besten auf der Webseite interrail.eu einen Pass auswählen, die Route im Onlinetool zusammenstellen und starten. Übrigens können nur Personen mit Wohnsitz in Europa den Pass nutzen.

Wichtig ist, dass man sich vorab auf eine Strecke festlegt! Europa ist riesig und bietet so viele schöne Bahnfahrten, dass man schnell vom Hundertsten ins Tausendste kommt. Am besten, man entscheidet sich zuerst für eine Region, ein Land oder eine Kombination an Ländern und steckt sich einen Zeitrahmen. Bevor es jedoch an die genaue Routenplanung geht, überlegen wir uns, wie lange wir reisen möchten. Die beliebtesten Reisezeiten sind 7 Tage, 15 Tage und ein ganzer Monat. Man kann aber auch 3 Monate oder nur 3 oder 5 Tage reisen, je nachdem, wie viel Zeit man hat.

Sobald wir den Reisezeitraum wissen, beginnen wir mit der eigentlichen Routenplanung. Ein sehr nützliches Tool ist dabei die Interrail-Karte (interrail.eu), die wir beim Kauf auch als gedruckte Version erhalten. Sie beinhaltet alle Routen inklusive Reisedauer sowie Fährverbindungen und Schnellzugstrecken. Und wir sollten die Kosten des jeweiligen Reiselandes beachten. Stehen die Reiseländer fest, können wir mit der Routenplanung beginnen.

Die Planung der Interrail-Route macht viel Spaß und bietet uns eine gewisse Sicherheit, jedoch sollten wir uns immer die Möglichkeit offenlassen, ganz spontan unsere Route zu ändern oder uns einfach treiben zu lassen.

↖ Mit dem Zug geht es durch Mallorcas traumhafte Landschaften.
→ Die Rhätische Bahn auf ihrem Weg vorbei an der Berninagruppe.

Die berühmte Pariser Kathedrale Notre-Dame liegt zentral auf der Île de la Cité mitten in der Seine. Noch ist die Großbaustelle zur Rekonstruktion nach dem Brand von 2019 in vollem Gange.

Wochenendticket ... sollte es schon sein

12 Nach Marseille und zu den Stränden

Schnelle Trasse in Nord-Süd-Richtung

Vor mehr als 40 Jahren rasten die ersten TGV-Züge von Paris nach Lyon und eröffneten eine neue Ära der Eisenbahn in Europa. Die historische Strecke ist längst verlängert bis ans Mittelmeer und eine von Touristen vielgebuchte Attraktion.

Selbst notorische Paris-Liebhaber räumen ein, dass die »Stadt der Lichter« bisweilen auch wolkengrau und nass-kühl sein kann. Aber das Mittelmeer ist ja nur 3:18 Stunden entfernt, seit die TGV-Hochgeschwindigkeitszüge Frankreichs Kapitale und die südliche See verbinden. Die Franzosen haben die bis zu 320 km/h superschnellen Bahnen zwar nicht erfunden, das waren, abgesehen von einigen frühen Visionären mit mehr oder minder exotischen Ideen, die Japaner. Sie schickten zu den Olympischen Sommerspielen 1964 in Tokio ihren Tōkaidō Shinkansen (»Bullet Train«) erstmals mit 200 km/h auf die eigens gebaute Strecke, in Richtung Osaka. Der Erfolg im Land der aufgehenden Sonne elektrisierte einige der Bahngesellschaften in Westeuropa, vor allem die Franzosen. Dennoch gingen fast zwei Jahrzehnte ins Land, ehe der erste Train à grande vitesse (Hochgeschwindigkeitszug) 1981 den Pariser Bahnhof Gare de Lyon verließ, Ziel war der Bahnhof Lyon-Part-Dieu. Die 426 Kilometer wurden quasi zur Mutter aller Hochgeschwindigkeitsstrecken in Europa. Insbesondere die Grande Nation hat ihr Hochgeschwindigkeitsnetz im wahrsten Sinne des Wortes zügig vergrößert, heute erreicht es rund 2800 Kilometer und die meisten Regionen des Landes. Das zweite Land, das in der Alten Welt ein Schnellfahr-Netz und entsprechende Triebwagen entwickelte, war Deutschland: 1991 begann das ICE-Zeitalter.

Kulinarische Hochgenüsse in Lyon

Schon beim Bau der Schnelltrasse nach Lyon war deren Verlängerung bis Marseille im Gespräch, obwohl es auf dieser Distanz schon eine relativ schnelle klassische Bahnstrecke gab. Die heutigen Re-

→ Südlich von Marseille erhebt sich eine kleine Felseninsel aus dem Wasser, die das Château d'If trägt.

Tipp

PARIS –RESTAURANT TRAIN BLEU

Es gilt als das schönste Bahnhofsrestaurant der Welt: Das luxuriöse »Train Bleu« im 1. Stock der Gare de Lyon. 1901 wurde es anlässlich der Weltausstellung in Paris vom damaligen französischen Präsidenten eröffnet. Zu den Stammgästen gehörten Coco Chanel, Brigitte Bardot, Salvador Dalí und Jean Gabin. Die Brasserie serviert täglich Lunch und Dinner, die Bar ist durchgehend von 7.30 bis 22 Uhr geöffnet.

kord-Reisezeiten waren aber nur mit einer parallelen neuen Schnelltrasse erreichbar. Die Gesamtstrecke misst heute etwa 765 Kilometer. Die Fahrtzeiten der tagsüber mindestens stündlich fahrenden TGVs sind gleich, das ist abhängig davon, ob die Züge unterwegs anhalten oder nicht. Zwischen Paris und Lyon gibt es nur zwei kleine Stationen, die jedoch meistens ohne Halt passiert werden. Lyon ist aber ein Pflichtstopp, und alle, die Frankreichs kulinarische Kapitale nicht kennen und einfach weiterfahren, begehen einen schweren Fehler. Zumindest die Quenelles au Brochet (längliche Hechtklöße in Brandteig) an Sahne-Krebssauce sollte man verkosten. Und wenn es kein Hecht sein soll: Quenelles gibt es auch mit Kalb, Geflügel oder Pilzen als Füllung.

Die TGV-Strecken in Frankreich sind meist nach ihren Richtungen benannt, die Strecke Paris–Lyon heißt beispielsweise LGV Sud-Est (Ligne à grande vitesse Sud-Est). Diese wird in Lyon an die von Osten kommende LGV Rhône-Alpes angeschlossen und nach etwa hundert Kilometern in die zum Mittelmeer führende LGV Méditerranée eingefädelt in Richtung Rhône. Hier halten die TGVs sogar zweimal an – und es wäre ja auch eine Sünde, durch die Bahnhöfe von Avignon und Aix-en-Provence einfach hindurchzurauschen.

»Sur le pont d'Avignon, on y danse, on y danse «, das Lied kennt jeder Franzose, und auch in den deutschsprachigen Nachbarländern kann wohl jeder Zweite oder Dritte zumindest mitsummen,

↗ Vom Pont des Arts blickt man auf die Westspitze der Île de la Cité.
← Im Restaurant Le Train Bleu speist man in edlem Ambiente.

wenn das Volkslied aus dem 15. Jahrhundert anklingt. Weit weniger bekannt ist hingegen der offizielle Name der Brücke: Pont Saint-Bénézet. Fraglich ist auch, dass einst, wie es im Lied heißt, auf der relativ schalen Brücke getanzt wurde. Eher geschah das, so sagen Historiker, unter der Brücke, die auch eine große Insel und damit zwei Rhônearme überspannte.
Von den stolzen 22 Brückenbögen ragen nur noch vier in den Strom hinein. Kriege und vor allem Hochwasser haben die Brücke so beschädigt, dass sie bereits 1660 aufgegeben werden musste. In voller Länge war die Querung fast einen Kilometer lang und damit die damals längste Brücke Europas.

»Sur le pont d'Avignon ...«

Kulturelle und architektonische Highlights

Hinter dem Brückenstummel ragen die Türme des Papstpalastes und der Kathedrale in den meist blauen Himmel: Anfang des 14. Jahrhunderts führten im Vatikan interne Auseinandersetzungen dazu, dass sich Päpste in den Schutz des französischen Königs und für rund 70 Jahre nach Avignon zurückzogen. Später gab es zeitweise drei Päpste in Avignon und Rom, ehe das Konzil von Konstanz (1414–1418) die Kirchenspaltung beendete. Der Palast ist gemeinsam mit der von einer vergoldeten Marienstatue überragten Kathedrale und der Brü-

Tipp

CHÂTEAU D'IF – MONTE CHRISTOS KERKER

Etwa 1,5 Kilometer vor Marseille liegt auf einer Felseninsel im Mittelmeer das Château d'If, eine fotogene kleine Festung von 1531. Das Bollwerk diente später auch als Gefängnis. Ein Insasse, den es nie gab, machte die heutige Touristenattraktion weltberühmt: der Graf von Monte Christo. Den hatte der Romancier Alexandre Dumas erfunden; sein bekanntestes Werk, 1844 erschienen, ist bis heute ein Bestseller.

ckenruine als Weltkulturerbe anerkannt. Der zweite TGV-Halt an der Strecke ist Aix-en-Provence. Auf dem Weg dorthin haben die TGV-Gleise den bisherigen Reisebegleiter, die Rhône, verlassen, sie fließt weiter westlich dem Mittelmeer entgegen. In der lebendigen Universitätsstadt, der historischen Hauptstadt der Provence, riecht und fühlt man schon das nahe Meer. Hier lockt ein besonders reiches Kulturleben, insbesondere das renommierte Festival d'Aix-en-Provence. Die drei Wochen im Juli sind der klassischen Musik und insbesondere den Opern von Wolfgang Amadeus Mozart gewidmet. Künstler und Publikum reisen dazu aus der ganzen Welt an. Viele

Festivalbesucher, aber ganzjährig auch andere Touristen, huldigen in Aix, wie die Einheimischen meist abkürzen, ebenso dem bekanntesten Sohn der Stadt, dem Maler Paul Cézanne (1839–1906): Er nutzte viele lokale Motive für seine Bilder. Es gibt fünf spezielle Touren und Rundgänge auf den Spuren des großen Künstlers. Cézanne gilt wegen seines Einflusses auf prominente Malerkollegen als einer der Wegbereiter der Klassischen Moderne.

Der TGV-Bahnhof von Aix liegt etwa 16 Kilometer außerhalb der Stadt. Auf der letzten Etappe vor der Endstation in Marseille muss der Zug noch den knapp 500 Meter langen Tunnel von Saint-Louis passieren. Kurz darauf ist der Bahnhof Saint-Charles erreicht. Und wenn man auf den großen Bahnhofsvorplatz hinaustritt, dann wird der eine oder andere Gast vielleicht schon den maritimen Geschmack von Marseille auf der Zunge verspüren: die weltberühmte Bouillabaisse, die kulinarische Schwester der Marseillaise.

↑ Lauschige Straßencafés am Rathausplatz in Aix-en-Provence.
↙ Der Alte Hafen von Marseille mit MuCEM und Altstadt.

Info

»Inoui« nennt die Staatsbahn SNCF seit einer Weile ihre TGV-Züge, ein Wortspiel für beispiellos, das auch oui, ja, enthält. Das Oui ist ebenso Teil des Namens der preiswerten Züge der Marke Ouigo. Sie sind schnell wie die TGVs und nutzen dieselben Waggons, haben aber keine erste Klasse und keine Speisewagen.

Die doppelstöckigen Duplex-TGVs wurden 1996 für die überbuchte Strecke Paris–Marseille entwickelt und gingen erstmals 1996 in Dienst. Diese dritte TGV-Generation ist für 320 km/h zugelassen.

Zwischen Frankfurt am Main und Marseille gibt es seit 2012 täglich eine TGV-Direktverbindung. Die Reise dauert etwa 7:50 Stunden. Der TGV Duplex hält in Deutschland in Mannheim und Karlsruhe und an der Grenze in Straßburg.

www.sncf-connect.com/de-de

13 Von Nizza nach Digne-les-Bains

Mit der Navette zwischen der Côte d'Azur und den Alpen

Mit dem Pinienzapfenzug reisen wir von Nizza, der Hauptstadt des Départements Var, durch malerische Bergregionen in der Provence bis nach Digne-les-Bains.

Eine der schönsten und eindrucksvollsten Bahnfahrten Südfrankreichs ist die 150 Kilometer lange Strecke mit dem »Train des Pignes«, Pinienzapfenzug, von Nizza nach Digne-les-Bains. Dabei geht unsere Fahrt bergauf, bergab, über 16 steinerne Brücken, 15 Eisenviadukte und durch 25 Tunnel, vorbei an urtümlichen Bergflüsschen und steilen Felshängen, entlang an wenig befahrenen Landstraßen, Wäldern und verträumten Höfen und Landhäusern. Die kleine Bahn wird auch liebevoll Navette genannt und verkehrt viermal täglich zwischen der Côte d'Azur und den Alpen. Für die Strecke mit 15 regulären Haltestellen benötigt sie etwas über drei Stunden. Allerdings gibt es eine Besonderheit, die hauptsächlich von den Einheimischen genutzt wird: Per Signal stoppt der Zug an 48 zusätzlichen Haltestellen. So können wir viele weitere kleine Dörfer an der Strecke entdecken!

↗ Unterwegs auf dem Viaduc de Donne.
← Mediterranes Gewächs: Pinien.

> »Warum Nizza? Wegen seiner Klarheit.«
>
> *Henri Matisse (1869–1954)*

Mitten in Nizza

Start ist der moderne Bahnhof der Chemins de Fer de Provence mitten in Nizza. Bevor wir losfahren, besuchen wir noch die in Sichtweite stehende ehemalige Gare du Sud an der Avenue Malausséna. Diese wird heute als Bibliothek genutzt. In der breiten Avenue finden wir die Haupteinkaufsmeile mit Ladenketten, Boutiquen, Restaurants, Bistros. Sie führt uns hinunter in die verwinkelte Altstadt, zum Cours Saleya mit seinem bunten Gemüse- und Blumenmarkt und zur Flaniermeile Promenade des Anglais am Meer.
Auf den ersten Kilometern windet sich der Zug durch die Vororte und Industriegebiete der Metropole. Hinter Lingostière zieht sich die Strecke am Fluss Var entlang. Haltestellen sind Colomars-la-Manda, Pont-Charles-Albert, Plan-du-Var und Malaussène-Massoins, das mittelalterliche Dorf Villars-sur-Var mit seiner Burgruine Esperon und der gotischen Pfarrkirche sowie Touët-sur-Var. Das breite, steinige Flussbett des Var, durch das oft allerdings nur ein Rinnsal plätschert, begleitet uns dann noch bis Puget-Théniers. Der stille Ort ist vor allem für Kayak- und Kanufahrten bekannt, aber unbedingt einen Besuch wert. Sehenswert ist zudem die Kirche Église Notre-Dame-de-l'Assomption mit ihrer Kuppel.

↖ Viele Fassaden in der Nizzaer Avenue Malausséna haben die typisch südfranzösischen Fensterläden.
← Strandidylle in der Nähe von Nizza.

Eisenbahnromantik pur

Unterwegs besichtigen wir dann Entrevaux, das wir über eine Zugbrücke und durch das Tor Porte Royale betreten. Unter Ludwig XIV. ließ im 17. Jahrhundert General und Festungsbaumeister Marquis de Vauban hoch über dem kleinen Ort eine Zitadelle errichten, die wir über einen steilen Zickzackpfad erreichen. Von dem alten Gemäuer aus haben wir eine grandiose Aussicht auf Entrevaux und ins Var-Tal. Dann zuckelt unser Zug mit 30 Kilometern pro Stunde über zahlreiche Viadukte und weiter am Fluss entlang bis in die mittelalterliche Stadt Annot. Wie ein bewohntes Freilichtmuseum mit Bauten aus Mittelalter und Renaissance wirkt der Ort. Das Städtchen wird zudem von bizarren Kalksandsteinformationen überragt, an denen sich zahl-

Tipp

VERGÜNSTIGUNGEN

Mit der Côte d'Azur Card (www.cotedazur-card.com) sind viele Aktivitäten, Museen sowie eine Fahrt mit dem Dampfzug ermäßigt oder kostenlos.

Tipp

NOSTALGIE AUF SCHIENEN

Von Mai bis Oktober ist jeden Sonntag zwischen Puget-Théniers, Entrevaux und Annot ein nostalgischer Dampfzug (der »Train à vapeur«) im Einsatz. Fahrtdauer ist eine Stunde mit dreistündigem Aufenthalt in Annot. Reservierung erforderlich: gecp.asso.fr

reiche Kletterer versuchen. Die ersten Menschen, die sich in der Gegend niederließen, bauten ihre Behausungen in diese Felsen hinein.

Ab Annot gewinnt die Strecke an Höhe. Pinien- und Lärchenwälder werden dichter. Schroff ragen Kalksandsteinfelsen empor. Bei La Colle-Saint-Michel durchfährt unser Zug den längsten von 25 Tunneln mit fast dreieinhalb Kilometern Länge. Kurz darauf ist der Scheitelpunkt erreicht. Von 1000 Metern Höhe

quietscht der Train des Pignes durch viele Kurven und balanciert über schmale Brücken wieder einige Hundert Meter hinab über St.-André-les-Alpes und Barrême bis nach Digne-les-Bains, der Lavendelhauptstadt im Grünen mit schöner Altstadt. Übrigens liegt Europas größtes Ammonitenfeld bei Digne. Besucher aus aller Welt kommen hierher, um einen Fund aus der Frühgeschichte zu bestaunen: die mit 350 Quadratmetern größte freiliegende Ammonitenplatte mit 1500 Versteinerungen von Muscheltieren, die mehr als 200 Millionen Jahre alt sind.

↑ Ammonitenfund bei Digne-les-Bains.
↙ In Entrevaux ist Vaubans Festungsmauer noch gut erkennbar.

Glanzstück der Technik

Besonders das Teilstück zwischen Digne und Thorame-Haute gilt wegen der zahlreichen Brücken, Dämme und Tunnel als Meisterwerk der Ingenieurskunst. Eine technische Meisterleistung ist die Kreiskehre von Le Fugeret, wo sich der Gleiskörper in einer imposanten Schleife am Berghang entlang windet und dabei um mehr als 180 Grad dreht.

Info

Der Zug verkehrt fünfmal täglich: zweimal morgens, einmal mittags und zweimal abends.
Konkrete Fahrzeiten sind auf der Webseite zu finden. Tarife berechnen sich je nach Strecke. cpzou.fr
1911 fuhren die ersten Züge zwischen Digne und Nizza. Es gibt verschiedene Überlieferungen, was den Namen Train des Pignes anbelangt. Eine Überlieferung besagt, dass der Zug statt mit Kohle damals noch mit Pinienzapfen beheizt wurde. Eine andere spricht davon, dass die Bewohner von Nizza früher mit diesem Zug in die Berge gefahren seien, um Pinienzapfen zu holen, mit denen sie zu Hause heizen konnten. Böse Zungen behaupten, dass die Strecke angeblich ihren Namen zu einer Zeit erhielt, als noch kleine Dampfloks die vielen Steigungen ins bergige Hinterland hinaufschnauften und dabei so langsam unterwegs waren, dass die Passagiere während der Fahrt Pinienzapfen sammeln konnten.

14 Von Septemvri nach Dobrinischte

Mit der Rhodopenbahn durch das Gebirge des Orpheus

Bulgariens einzige Schmalspurbahn tuckert uns durch Tiefebenen und Gebirge und lässt Eisenbahnfans genauso auf ihre Kosten kommen wie Naturliebhaber.

Die Strecke der Rhodopenbahn im Dreiländereck Bulgarien, Nordmazedonien und Griechenland führt uns von Septemvri im Westen der Oberthrakischen Tiefebene durch die drei Gebirge Rhodopen, Rila und Pirin – übrigens ist der Pirin-Nationalpark UNESCO-Welterbe – bis zum Wintersportort Dobrinischte. Allerdings sollten wir etwas Zeit einplanen, denn das schwierige Gebirgsterrain erlaubt nur eine Durchschnittsgeschwindigkeit von 25 Kilometern pro Stunde. Und so dauert unsere Fahrt ohne Halt etwa fünf

Stunden. Doch das ist genau richtig, denn wir werden mit unvergleichlichen Ausblicken auf die malerische Gebirgslandschaft belohnt.

Ein Dutzend Bahnhöfe und viele Haltestellen

Neben den 12 Bahnhöfen hält die Rhodopenbahn auch noch an 13 Haltestellen. Unbedingt ansehen sollten wir uns Velingrad. Die Stadt, die 120 Kilometer von der Hauptstadt Sofia entfernt liegt, nennt sich selbst auch die »Spa-Hauptstadt des Balkans«. Hauptattraktion ist sicherlich die Mineralwasserquelle, auf Grund derer eigentlich jedes Hotel bzw. jede Pension einen ganzjährig beheizten Pool hat. Am Kleptuza-See entdecken wir zudem noch heiße Quellen und Geysire und in der parkähnlichen Umgebung entspannen wir beim Wandern oder Spazierengehen. Wer Lust hat, besucht noch das Historische Museum von Batak, in dem man viel über die Geschichte Bulgariens erfahren kann.

Highlight der Fahrt

Hinter dem Haltepunkt Velingrad-yug verlässt die Rhodopenbahn die Hochebene und nimmt den streckentechnisch wohl anspruchsvollsten und spektakulärsten Teil der Route in Angriff: Über Serpentinen hoch bis Avramovo, den mit 1267 Metern höchstgelegenen Bahnhof Südosteuropas. Unser Zug passiert dabei mehrere Kehrtunnel und Schleifen mit teilweise bis zu 30 Prozent Steigung auf rund 10 Kilometern Strecke und erklimmt über 200 Höhenmeter. Übrigens erreichen wir nach dem ersten der neun Tunnel Sveta Petka. Spannend hier ist, dass dieser Haltepunkt nur aus einer etwa 50 Meter langen, angedeuteten Bahnsteigkante besteht, an der auch nicht wirklich angehalten wird.

> »Ist der Wagen erstmal umgefallen, dann sieht man, was es noch für Wege gab.«
>
> *Bulgarisches Sprichwort*

↖ Bulgariens Zugstrecken führen teilweise hoch hinauf in die Berge.
→ Der Hauptplatz des südwestbulgarischen Kurorts Dobrinischte.

Es geht hinab

Ab Avramovo geht's bergab. Zudem markiert der Ort nicht nur den höchsten Punkt der Rhodopenbahn, sondern auch den Übergang von den Rhodopen zum Rila. Ab hier entdecken wir bei klarer Sicht über den sanften, bewaldeten Bergen die bis zu 2900 Meter hohen, schneebedeckten Gipfel des Gebirges. Rila ist das höchste Gebirge der Balkanhalbinsel und hat mit Raslog und Bansko die beiden wichtigsten bulgarischen Wintersportorte am Rande des Hochgebirges. Fortan folgt unsere Reise einer entspannten Streckenführung in dem kontinuierlich abfallenden Nestostal und wir erreichen mit Jakoruda einen der größeren Orte. Die in dieser Region ansässigen Pomaken bilden eine muslimische Minderheit in Bulgarien. Die islamische Prä-

Tipp

EISIGES VERGNÜGEN

Wer sich im Winter eine Fahrt mit der Rhodopenbahn gönnt, wird durch fantastische Aus- und Weitblicke belohnt. Allerdings sollte man sich warm anziehen, denn der Wagonbestand der Bulgarischen Eisenbahngesellschaft ist nicht mehr der Jüngste und meist funktionieren die Heizungen nicht.

gung ist schon aus der Ferne durch die in den Orten emporragenden Minarette erkennbar. Eines der tollsten Motive auf unserer Fahrt hier ist die große Kurve von Cherna Mesta mit der dahinterliegenden Moschee.
Jakoruda ist übrigens ein beliebter Ausgangspunkt für den Aufstieg auf den 2925 Meter hohen Musala, den höchsten Gipfel der Balkanhalbinsel. Das hübsche, sehenswerte Bergdorf ist umgeben von einer unglaublichen Natur. In der Nähe gibt es mehrere mittelalterliche Festungen wie die Festung Kaleto.
Hinter Jakoruda verlieren wir weiter kontinuierlich an Höhe. Während unserer Reise entdecken wir oftmals kleine Ansiedlungen von Hütten und Zeltlagern, und auch Pferdefuhrwerke sind keine Seltenheit. Immer entlang des Nestostals erreichen wir nach Yurukovo und Dagonovo schließlich den Bahnhof Belitsa auf 770 Metern Höhe. Obwohl der Bahnhof gleich neben dem Ort Kraishte liegt, wurde er nach dem deutlich weiter entfernten Belitsa benannt.
Jetzt nähern wir uns der bulgarischen Region von Mazedonien. Bei Guliyna Banya erreichen wir den auf rund 800 Metern gelegenen Talkessel mit den Orten Raslog, Bansko und Dobrinischte. Auch Raslog ist reich an heißen Thermalquellen und wir finden hier zwei historische Badehäuser und viele Spa-Hotels. Die Bewohner des kleinen Städtchens waschen übrigens an den öffentlichen hermalquellen, die ca. 60–70 Grad heiß sind, ihre Wäsche.

↑ Üppig grüne Vegetation umgibt den Fluss Banderitsa im Pirin-Gebirge.
↙ Winterlandschaft entlang der Strecke von Septemvri nach Dobrinischte.

Info

Für Budget-Touristen ist die Rhodopenbahn im Winter so etwas wie eine günstige Schienenverbindung von dem von zahlreichen Billigfliegern angeflogenen Flughafen Plovdiv zur Wintersportregion um Raslog, Bansko und Dobrinischte.

Es ist auch möglich, Fahrkarten für die gesamte Verbindung von Sofia, Plovdiv oder Burgas über Septemvri nach Dobrinischte oder einen anderen Bahnhof auf der Schmalspurbahn direkt am Abfahrtsbahnhof zu kaufen.

Tickets der Schmalspurbahn sind allerdings nur analog verfügbar.

Kosten pro Ticket und Person bis Dobrinishte ca. 5–7 EUR, bis Velingrad ca. 5 EUR und bis Bansko ca. 6–7 EUR.

15 Vier Brücken und zwei Tunnel zwischen Dänemark und Schweden

Skandinavische Inseln, Schlösser und Städte

Adieu für die Zugvogelromantik der Eisenbahnfreunde und willkommen für die neue Hochgeschwindigkeitstrasse über die Ostsee. Die Reisezeiten haben sich deutlich verringert. Aber selbst dieses Jahrhundertbauwerk bekommt bald Konkurrenz.

Per Bahn von Hamburg nach Kopenhagen? Die Antwort lautete für viele Jahre: Vogelfluglinie. Hinter dem poetischen Namen verbirgt sich die Route, die Zugvögel zweimal im Jahr zwischen Nord und Süd nehmen. Zugvögel – was könnte besser zu einer Bahnverbindung passen? Die Gleise führten von Ostholstein via Fehmarnsundbrücke nach Puttgarden auf der Insel Fehmarn. Dort legten die Eisenbahnfähren ab, die hinüber nach Rödby in Dänemark fahren – 19 Kilometer in 45 Minuten. Die Waggons, später auch ganze ICE-Züge, rollten auf Gleisen in die Fähren.
Viele Bahnreisende freuten sich über die kleine Seefahrt. Doch das ist seit 2019 Geschichte. Nunmehr rollen alle Fernzüge über das dänische Festland, die Halbinsel Jütland, und von dort über den Kleinen und den Großen Belt bis Kopenhagen. Nicht genug damit, von dort kann es über den Öresund weitergehen bis ins schwedische Malmö. Eine weltweit einzigartige Kombination aus zwei Bahntunneln und Brücken, unter denen auch die größten Schiffe der Welt in Richtung Ostsee oder Nordsee schippern können. Die Route ist deutlich länger als die Vogelfluglinie, dennoch sind die Züge dank Hochgeschwindigkeitstrassen schneller in Kopenhagen.

← Dieses traditionell rekonstruierte Boot ist Teil der Ausstellung des Wikingerschiffsmuseums in Roskilde.

Über und unter dem Meer

Allerdings müssen die Passagiere meist einmal umsteigen: In Fredericia – bekannt für seine jahrhundertealte Festungsanlage – zweigt die Bahnlinie nach Kopenhagen gen Osten ab, um bald darauf via Lillebæltsbro, der 1935 erbauten, 1178 Meter langen Brücke, den kleinen

Tipp

ANSTALT FÜR »UNANGEPASSTE« MÄDCHEN

Auf der unbewohnten Insel Sprogø in der Mitte der Querung des Großen Belts gab es früher eine Kellersche Anstalt für unangepasste Mädchen, die dort Qualen und oft Zwangssterilisationen erlitten. Die Insel wurde weithin bekannt durch den sozialkritischen Krimi *Verachtung* von Jussi Adler-Olsen und die Verfilmung des Romans. Auch ein zweiter Film, *Ustryrlig*, hat Vorfälle aus der Anstalt zum Thema.

Belt zu überqueren. Hier kann man oft einige der 3000 heimischen Schweinswale beobachten. Jenseits des Meeresarms, auf der Insel Fünen, ist Odense der einzige Halt der Fernzüge. Die drittgrößte Stadt (180 000 Einwohner) birgt eine große Sammlung von Eisenbahnen und Fähren. Die meisten Gäste der Stadt kommen aber wohl wegen der Stätten, die an den 1805 hier geborenen Nationaldichter Hans Christian Andersen erinnern.
Bei Nyborg auf Fünen beginnt die Auffahrt zur Großen-Belt-Querung (Storebæltsbroen), eine 18 Kilometer lange Konstruktion aus zwei großen Brücken und einem Bahntunnel. Die flache westliche Brücke für Züge und Autos ist gut 6,6 Kilometer lang, hat für kleinere Schiffe eine Durchfahrtshöhe von 18 Metern und endet auf der künstlich vergrößerten Insel Sprogø. Dort teilen sich die beiden Verkehrswege, die Eisenbahn fährt in einen gut acht Kilometer langen Tunnel, die Straße (E 20) führt hoch auf die mächtige, knapp sieben Kilometer lange Ostbrücke – eine überaus fotogene Hängebrücke mit einer Spannweite von 1624 Metern zwischen zwei 254 Meter hohen Pylonen. Hier, in der »Ostrinne«, passen auch riesige Container- oder Kreuzfahrtschiffe unter der Fahrbahn hindurch. Sie müssen sich allerdings vor der Passage bei einer Zentrale anmelden. Auf der anderen Seite des Großen Belts ist Seeland erreicht, Dänemarks größte und bei Weitem bevölkerungsreichste Ostseeinsel. Etwa 30 Kilometer vor Kopenhagen halten die Fernzüge in Roskil-

↗ Rückansicht mit Apsis des Doms zu Roskilde.
← Liebevoll hergerichtete Brücken und Wege in Nyborg auf Fünen.

de, für mehrere Jahrhunderte Dänemarks historische Hauptstadt. Viele Bahntouristen legen hier einen Zwischenstopp ein, um den mittelalterlichen Dom, ein Weltkulturerbe, zu besichtigen. Die Kathedrale und angrenzende Mausoleen bergen 39 Gräber von Königen und Königinnen. Das Gotteshaus hat aber auch architektonisch eine große Bedeutung: Beim Umbau zur Gotik nutzten die Baumeister gebrannte Ziegel, was die Backsteingotik im Norden initiierte. Die zweite Attraktion der Stadt ist das Wikingerschiffsmuseum mit fünf Originalbooten. Roskilde war im 11. Jahrhundert ein internationales Handelszentrum der Wikinger.

Europäische Metropole

Nach kurzer Weiterfahrt ist das Ziel der etwa fünfstündigen Reise von Hamburg nach Kopenhagen erreicht. Die Hauptstadt des Königreichs rangiert in vielen Umfragen stets in der Spitzengruppe der »Schönsten Kapitalen Europas« und die Statue der Kleinen Meerjungfrau im Hafen – eine Figur aus Hans Christian Andersens Märchen – ist weltberühmt. Ein anderes Wahrzeichen ist die Turmspitze der alten Börse, die aus verschlungenen Drachenschwänzen besteht. Eine ungewöhnliche royale Residenz ist Schloss Amalienborg, das aus vier Palästen besteht, die einen weiten Platz säumen. Ei-

»Eine weltweit einzigartige Kombination aus einem Bahntunnel und Brücken.«

Tipp

BESUCH IM KALTBADEHAUS

Typisch schwedisch: das Kallbadhus Ribersborg in Malmö. Das Freibad steht auf Stelzen im Meer und ist mit der Küste durch einen 300 Meter langen Steg verbunden. Fünf Saunen, zwei Meerwasserbecken, zwei holzbefeuerte Whirlpools und ein Sonnendeck bieten Badefreuden – jeweils getrennt für Weiblein und Männlein. Eine Ausnahme ist das Dampfbad. Gebadet wird stets nackt. Das Bad ist ganzjährig geöffnet.

nige der Häuser sind bisweilen zu besichtigen. Wenn die Königin anwesend ist, präsentieren die Gardesoldaten täglich einen fotogenen Wachwechsel.

Kopenhagen liegt am Öresund, dem letzten der drei großen Meeresarme, die zwischen Jütland und der schwedischen Küste liegen. Wie im Großen Belt bildet auch hier eine Kombination aus Tunnel und Brücke die insgesamt 18 Kilometer lange Querung: Beim internationalen Flughafen Kopenhagen-Kastrup liegt auf einer künstlich geschaffenen Halbinsel die Einfahrt in den Drogdentunnel. Die Absenkung wurde notwendig, weil eine Brücke den Flugverkehr behindert hätte.

Der größtenteils aus vorfabrizierten Elementen erbaute, etwa vier Kilometer lange Tunnel hat fünf Röhren, je zwei für Autos und Eisenbahn und in der Mitte eine Notfallröhre. Auf einer künstlichen Insel, genannt Peberholm passend zur benachbarten natürlichen Insel Saltholm, wechseln die Fahrbahnen auf die gut drei Kilometer lange Rampe hinauf zur Öresundbrücke. Die eigentliche Hochbrücke misst knapp 1100 Meter und erlaubt maximal 55 Meter hohen Schiffen die Durchfahrt. Auf der schwedischen Seite hat die Rampe eine Länge von gut 3,7 Kilometern und endet nahe der Großstadt Malmö. Auf der Brücke sind die Fahrbahnen übereinander angeordnet, die Bahntrasse unten und die Straße darüber. Die beiden Pylone aus Stahlbeton, die in Schrägseiltechnik das Mittelteil der Brücke tragen, sind jeweils 206 Meter hoch.

↑ Begehrtes Wohnviertel: die historische Siedlung Nyboder in Kopenhagen.
↙ Kopenhagens Flair ist sommers wie winters einzigartig, hier im Viertel Nyhavn.

Und die Vogelfluglinie? Die besteht weiter, wenn auch ohne Eisenbahn. Doch das ist nur eine Momentaufnahme, denn auf beiden Seiten des Meeresarms buddeln bereits die Bagger für den künftigen Fehmarnbelttunnel zwischen Puttgarden und Rødby. Die vier Röhren für Züge und Autos sind jeweils 17,6 Kilometer lang. 2029 sollen dann die Züge mit 200 km/h die Ostsee unterqueren.

Info

Die Brücken über den Kleinen Belt sind mautfrei, aber die Querungen über den Großen Belt und den Öresund sind gebührenpflichtig. Für Eisenbahnpassagiere ist die Maut im Fahrpreis eingerechnet. Die meisten Züge pendeln am Belt zwischen Kopenhagen und Malmö: täglich etwa 83 je Richtung. Die Fahrt von Hauptbahnhof zu Hauptbahnhof dauert 35–40 Minuten.

Kopenhagens Flughafen liegt auf der Insel Amager an der Bahnlinie über den Öresund nach Malmö und hat einen eigenen Bahnhof: Kastrup Lufthavn.
Vom Hauptbahnhof Kopenhagen gehen regelmäßig Züge ins 46 Kilometer entfernte Helsingør. Sein Schloss Kronborg ist ein Weltkulturerbe; Shakespeare siedelte dort sein Drama »Hamlet« an.

www.dsb.dk/en
www.visitdenmark.de
www.sj.se/en/
visitsweden.de/

Schloss Kronborg, ein Festungsbau, liegt in Helsingør auf einer Landzunge von Seeland.

16 Die Hohe Tatra – das kleinste Hochgebirge der Welt

Gipfel zuhauf in den Karpaten

Der Hauptkamm der Hohen Tatra ist zwar nur 27 Kilometer lang, hat aber 24 mehr als 2500 Meter hohe Gipfel. Diese einzigartige Landschaft wird in der Slowakei von einer elektrischen Eisenbahn mit 35 Kilometer Gleislänge erschlossen.

In den Fünfzigerjahren sah man sie bisweilen auf der Straße, massige, aerodynamische Limousinen, die anfangs von hinten aussahen wie kleine Zeppeline, mit einer großen zentralen Flosse auf dem Heck, wie das Seitenleitwerk eines Flugzeugs. »Tatra« hießen die Exoten aus der damaligen Tschechoslowakei und einer aus unserer autobegeisterten Kids-Clique wusste sogar, wo der Name herkam: Ein Berg im Osten heißt so.
Stimmt, beinahe. Der Berg ist ein ganzes Gebirge in der heutigen Slowakei und sein Kern ist die Hohe Tatra, das »kleinste Hochgebirge der Welt«. Ein Drittel liegt in Polen (mit Zakopane als Hauptort), zwei Drittel in der Slowakei. Und diese beiden Drittel sind für Zugfreunde besonders attraktiv, werden sie doch durch eine vornehmlich für Touristen erbaute Eisenbahn erschlossen: die Elektrische Tatrabahn. Von ihr später mehr; wie erreicht man denn diese im westlichen Europa weniger bekannte Gipfellandschaft?
Die Reise in die hohen Berge beginnt im Flachland, an der Donau und nahe der Grenze zu Österreich – in der Hauptstadt der Slowakei, in Bratislava (Pressburg). Dessen fotogene und freundliche Altstadt wird überragt von Berg (85 Meter hoch) und Burg, Letztere quadratisch und mit markantem Turm, je Ecke wehrhaft geziert. Die Burg, einst Sitz ungarischer Könige (auch die ungarische Grenze ist nah), birgt heute das Historische Museum. Der Felsen war schon zur Steinzeit besiedelt, die Burg stammt aus dem 9. Jahrhundert und wurde häufig umgebaut.
Die zu ihren Füßen liegende Altstadt ist reich an historischen Bauten, insbesondere an Palais im Barockstil. Aber alle Epochen und viele Nationalitäten haben ihre architektonischen Spuren hinterlassen. Die kundige Führerin, mit der wir durch Alt-Bratislava streiften, war eine große und sehr freundliche Hilfe.

»Das Panorama der schneebedeckten Bergkette ziert Poprad wie eine gigantische Fototapete.«

↖ Bratislava liegt an der Donau, direkt an der Grenze zu Ungarn und Österreich.
→ Einfach und bequem: die elektrische Tatrabahn.

Tipp

EDELWEISS UND MURMELTIER

Große Teile des Tatra-Gebirges, vor allem die Hohe Tatra, sind Biosphärenreservat der UNESCO. In ihm haben sich einige nur dort anzutreffende Pflanzenarten entwickelt, ansonsten ist die Flora bis hin zum Edelweiß ähnlich wie in den Alpen. Mit etwas Glück kann man auch die scheuen Braunbären, Wölfe, Luchse, Murmeltiere und Gämsen sichten. Steinadler und Uhus patrouillierten ihre Reviere über dem Hochgebirge.

Dreh- und Angelpunkt

In Bratislava bündeln sich alle Verkehrswege durch die Slowakei – so ist auch der Hauptbahnhof das Drehkreuz für alle wichtigen Bahnlinien im Land und in die Nachbarländer. Eine der Hauptstrecken der staatlichen Eisenbahn ŽSR führt quer durch das Land zur »Metropole des Ostens«, Košice. Der Bahnhof von Poprad, 3,5 Stunden und 340 Kilometer östlich von Bratislava, ist unübersehbar die Station für die Weiterfahrt in die Hohe Tatra: Das Panorama der schneebedeckten Bergkette ziert Poprad, das frühere Deutschendorf, wie eine gigantische Fototapete. Die Hohe Tatra ist der höchste Teil der Karpaten, des zweiten großen Gebirgssystems in Europa neben den Alpen.

Poprads Hauptbahnhof ist die südlichste Station der 1904 gestarteten Elektrischen Tatrabahn, die den heutigen Tourismus zumindest im slowakischen Teil der Hohen Tatra erst möglich machte. Die Schmalspurbahn, deren 35 Gleiskilometer mit straßenbahnartigen Zügen, teilweise Marke Tatra, befahren werden, führt schnurstracks in die Berge und gabelt sich in 1010 Meter Höhe in Starý Smokovec in eine Querstrecke, die nach Westen in Štrbské Pleso (1355 m) und nach Osten in Tatranská Lomnica (850 m) endet. Die drei Orte sind beliebte Ferien- und Kurorte der Slowaken. Von Dezember bis März sind sie Zentren des Wintersports, die auch schon internationale Meisterschaften ausgetragen haben.

↗ Tolle Aussicht am wunderschönen Bergsee Štrbské Pleso.

← Das Restaurant Ufo in luftiger Höhe über der Donau in Bratislava.

Diese Entwicklung begann 1904 in Starý Smokovec mit dem Bau eines Grandhotels, an dem sich auch die internationale Bahngesellschaft Wagons-Lits beteiligte. In jüngerer Vergangenheit hat Starý Smokovec seinen Kurbetrieb aufgegeben und konzentriert sich nun auf das traditionelle Feriengeschäft. Eine Standseilbahn transportiert Urlauber nach Hrebienok auf 1280 Meter Höhe. Das Dorf liegt am Fuß des 2452 Meter hohen Slavkovský štít, einem der höchsten Gipfel des Gebirges.

Štrbské Pleso heißt wie der Bergsee, an dem das Heilbad liegt. Mit einer Höhenlage von 1355 Metern ist der Ort einer der höchstgelegenen Kurorte Europas (Atemwegskrankheiten). Eine Reihe von Liften haben Štrbské Pleso zugleich zu einem bedeutenden Wintersportplatz gemacht. Allein auf den Sport setzte hingegen das damals ungarische Tatranská Lomnica, wo zwei Kabinenbahnen die Skiläufer auf 1750 Meter und dann auf 2634 Meter heben. Der Ort birgt auch das Museum des Tatra-Nationalparks.

Info

Auf den Pylonen der Brücke, die sich in Bratislava über die Donau spannt, ruht eine Restaurantkapsel.

www.u-f-o.sk

In den polnischen Teil der Hohen Tatra führt von der Slowakei aus keine Bahnstrecke.
Für Tschechien ist die Hohe Tatra ein historisches Ferienziel. Deshalb gibt es Züge von Prag nach Poprad (und Kosice). Die Fahrt dauert rund 7,5 Stunden.

www.zssk.sk/en/

17 Von Arbatax nach Gairo Sant'Elena

Die großartige Schönheit einer Reise

Der Trenino Verde schlängelt sich gemächlich durch malerische Ortschaften entlang der wunderschönen, unvergleichlichen Costa Smeralda. Wir entdecken auf der östlichen Linie die an anderer Stelle wieder-aufgebaute Stadt Gairo, die zweimal gelebt hat.

Ein Blick auf die schiefen und alles andere als ebenen Schienen verrät: Das wird eine langsame, holprige Fahrt. Die Waggons stammen aus dem zeitigen 20. Jahrhundert und betören unsere visuellen Sinne mit dem Glanz der alten Zeiten. Auf unserer Fahrt mit der historischen Schmalspurbahn Trenino Verde passieren wir Brücken und Tunnel auf den noch heute erhaltenen, ursprünglichen Linien. Vier Strecken mit einer Gesamtlänge von 437 Kilometern, drei Sektoren, die seit 130 Jahren ohne Unterbrechung aktiv sind, verbinden die Küste und das Landesinnere. Gemeinsam mit dem Zitrusduft des Südens eine atemberaubende Mischung.

Tipp

SÜSSES UND EDLE TROPFEN

Anfang August finden zu Ehren der Madonna della Neve die größten Feierlichkeiten der Region Ogliastra statt, bei denen man köstliche Süßigkeiten wie Piricchittus und Amaretti, aber auch andere Leckereien und berühmte Weine genießen kann.

Entschleunigung pur

Wir starten unsere Reise am Hafen von Arbatax, der zu Tortolì gehört. Besonders sehenswert in dem schönen Touristenort sind der berühmte Porphyrfelsen und die eindrucksvolle Küstenlandschaft dieser Region Ogliastra. Abends sind die Felsen hell erleuchtet und bieten uns einen unvergesslichen Ausblick auf die einmalige Schönheit des Umlandes. Zu den eindrucksvollsten Bauwerken von Arbatax zählt der Spanische Turm, ein wichtiges historisches Zeugnis für die große Bedeutung des betriebsamen Hafens der Stadt.

→ Der Trenino Verde schlängelt sich durch die idyllische Landschaft Sardiniens, hier vorbei am Isilisee.

Was uns schnell klar wird: Auf den Gleisen der alten Eisenbahnen Sardiniens vergeht die Zeit langsam. Aber mit der passenden, wie aus einem Miniaturwunderland entsprungenen Lok und den zwei gut gefederten Waggons sehen wir einem entspannten Tagesausflug voller grandioser Ausblicke, skurriler Momente und entschleunigter Gondelei durch eine fantastische Berglandschaft entgegen. Natürlich nicht ohne einen Klecks eisenbahnromantischen Kitschs. Denn der kleine Zug hält an jedem Bahnübergang: Zuerst steigt ein Bahnmitarbeiter aus und signalisiert auf der Straße mit einer Fahne den Autos, dass hier ein Zug passieren wird. Dann zuckelt die Lok langsam los und hält noch einmal mitten auf der Straße an, damit der Mitarbeiter wieder einsteigen kann – erst dann geht's weiter. Da es hier sehr viele Bahnübergänge gibt, dauert das.

Der dieselelektrische Stahlesel quietscht, ruckelt, rumpelt, wippt und schwankt in sanftem Tempo Kurve um Kurve und durch etliche Tunnel hinauf in die Berge. Fast 1000 Höhenmeter legt er bis Gairo zurück. Unterwegs bieten sich uns immer wieder spektakuläre Aus- und Weitblicke. Ein einzigartiges Erlebnis, das es

uns erlaubt, die schönsten Aspekte der Insel zu entdecken – eine märchenhafte Landschaft, die sich ständig verändert.

Wie im Wilden Westen

Unterwegs halten wir in den Bergdörfern Ilbono-Elini, Arzana, Lanusei und Villagrande Strisaili und entdecken die Wälder von Santa Barbara und Selene. Vor Ilbono-Elini passiert der Zug in einer Kurve eine besonders schöne alte Steinbrücke. In Arzana, auf 800 Meter Höhe, lässt die heiße Sonne wirkliches Wildwestfeeling aufkommen. Die Landschaft aus Nadelbäumen, einem ausgetrockneten Flussbett, einer frei grasenden Kuhherde auf einer prärieartigen Wiese und verrottete Waggons eines uralten Zuges erinnert uns an Winnetou und Old Shatterhand. Bis auf die Menschen, die am Bahndamm stehen und dem Trenino Verde zuwinken. Der alte Zug erwidert ihren Gruß mit einer warmen Wolke dunkelgrauer Dieselnostalgie. Lanusei, das lebendige Bergdörfchen, liegt auf den Bergkämmen, die vom Gennargentu bis zu den Küsten führen. Sehenswert sind das Internat der Salesianer, die anliegende Kirche von S. Giovani Bosco, die Bibliothek und das Geschichtsarchiv. Seit 1927 ist Lanusei übrigens Bischofssitz. Neun Kilometer nordnordwestlich von Lanusei in der Nähe des Lago Alto Flumendosa halten wir in Villagrande Strisaili. Übrigens ist dies das Dorf der Langlebigkeit, in dem es im Vergleich zu den Geburten weltweit die höchste Konzentration von Menschen gibt, die älter als 100 Jahre sind. Seit dem Zweiten Weltkrieg haben hier mehr als 30 Einheimische zehn Jahrzehnte ihres Lebens erreicht.

Nach einem besonders langen Abschnitt mit weitem Blick über das Meer fährt unser Zug in einen Kreisel, gewinnt weiter an Höhe und verschwindet in den Bergen. Nun gibt es schroffe steile Felshänge oder weite grüne Täler zu entdecken. Endstation ist Gairo Sant'Elena (Taquisara). Hier wird die Lok noch schnell ans andere Ende des Zuges rangiert. Vier Stunden haben wir nun Zeit

↑ Die Nuraghe Serbissi nördlich von Ulassai stammt aus der Bronzezeit.
↙ Lanusei ist ein Halt an der Schmalspurbahnstrecke Mandas – Arbata.

Tipp

RELIKTE AUS ALTEN ZEITEN

In der Umgebung von Gairo gibt es zahlreiche Denkmäler aus der pränuraghischen und nuraghischen Zeit, Überreste wie Tostoinus und Perdu Isu sowie das Riesengrab in der Felsenfestung Taquisara.

für unsere Entdeckungs- oder Wandertour! Übrigens wurde die heutige bewohnte Stadt Mitte des 20. Jahrhunderts stromaufwärts gebaut, nachdem eine Flut das alte Gairo, heute eine Geisterstadt, zerstört hatte. Eine natürliche Attraktion ist die Taquisara-Grotte, die über einen angelegten Weg zugänglich ist. Oberhalb der Grotte erhebt sich der Berg Ferru.

»Wer über das Meer kommt, will uns bestehlen.«

Altes sardisches Sprichwort

Ein echtes Schmuckstück

Nach der langen Fahrt machen wir eine knapp dreiviertelstündige Wanderung über einen schattigen Pfad zur Nuraghe Serbissi, der wahrscheinlich schönsten Nuraghe der Welt. Denn sie schenkt uns nicht nur eine tolle Tour durch einen der schönsten Landstriche Sardiniens, sondern ist auch selbst etwas fürs Auge: Aus hellem Kalkstein erbaut, leuchtet sie in der Sonne strahlend weiß. Auf unserem Weg dorthin passieren wir eine Höhle, die bereits von den Nuraghenbewohnern als kühles Lager für Vorräte genutzt wurde. Sie hat zwei Eingänge und wir können sie der Länge nach durchqueren. Sie liegt wie ein Keller direkt unter der Anlage. Dieses höchstgelegene Unikum ist 3000 bis 3800 Jahre alt, sehr gut erhalten und sehenswert. Der große Rundturm steht noch und wir steigen über die charakteristische Wendeltreppe nach oben. Dort angekommen werden wir mit einem herrlichen Panoramablick und kühlem Wind belohnt.

Unsere Fahrt zurück dauert nur 3,5 Stunden. Das mag vielleicht daran liegen, dass der Zug nun bergab fährt. Zudem hält er nicht mehr an jedem Bahnübergang. Gegen 19.30 Uhr erreichen wir dann wieder Arbatax.

Der Trenino Verde, so spürt man, führt nicht nur durch das Herz Sardiniens – er berührt das Herz vieler Sarden und ist Teil der Identität der Insel. Weit mehr als nur eine Touristenattraktion.

↗ Sardischer Traumstrand: Spiaggia Capriccioli an der Costa Smeralda.
← Die Bahngleise bei Golfo Aranci führen nicht weit von der Küste entlang.

Info

Für die Fahrt mit der Schmalspurbahn kann man im Bahnhof sowie direkt im Zug eine Fahrkarte lösen. Die gültigen Preise und Fahrpläne hängen in den Bahnhöfen aus.
Tickets gibt es mit etwas Geduld und mehrmaligem Probieren auch online unter treninoverde.linkavel.com

Im Zug ist freie Platzwahl. Von Arbatax nach Gairo hat man die besten Aussichten auf der linken und zurück auf der rechten Seite.
Individuelle Strecken lassen sich zusammenstellen, denn man kann die Lokomotiven auch privat mieten. Im Sommer kann man auf verschiedenen regulären Strecken fahren, wie z. B. Alghero–Sassari, Sassari–Sorso, Sassari–Nulvi, Nulvi–Tempio–Palau, Nuoro–Macomer, Macomer–Bosa, Isili–Sorgono oder Cagliari–Mandas–Isili.

Informationen zu den Strecken, Tickets und Fahrplänen gibt es auf www.treninoverde.com

18 Von Bukarest nach Brasov

Die ursprüngliche Natur der Karpaten

Das geheimnisvolle Transsilvanien, auch Siebenbürgen genannt, ist eine Gegend voller Geheimnisse und Mythen. Auf unserer Reise sehen wir in der gebirgigen Landschaft der Karpaten fantastische Burgen und Schlösser.

Das sagenumwobene Transsilvanien, bekannt durch die Romanfigur des blutdurstigen Graf Dracula, gehört zu den landschaftlich schönsten Flecken ganz Europas. Die Region zeichnet sich durch ihre ursprüngliche Landschaft und einen großen Bestand an frei lebenden Wildtieren wie Bären, Wölfen und Luchsen aus. Wörtlich übersetzt heißt der Landesteil, der inmitten der bis zu 2000 Meter hohen Gipfel der rumänischen Karpaten liegt, »hinter den Wäldern«.

Stadt der vielen Gesichter

Vor unserer Abfahrt besichtigen wir natürlich Bukarest. Die Stadt mit 2 Millionen Einwohnern hat viele Gesichter. Sie liegt in der walachischen Tiefebene, etwa 68 Kilometer nördlich der Donau, die an dieser Stelle einen sanften Bogen um die Stadt macht. Begrüßt werden wir in der Stadt durch den herrlichen Triumphbogen, der an Paris erinnert. Wir entdecken Prachtboulevards und Hauptverkehrsstraßen, Flaniermeilen und verwunschene Gassen, Plattenbausiedlungen und romantische Kirchen. Die schönsten Sehenswürdigkeiten der Stadt sind die historische Altstadt, wo moderne Häuser und malerische Altbauten ein einzigartiges Stadtbild ergeben, und der ehemalige königliche Palast, der heute Kunstwerke aus verschiedenen Epochen beherbergt.

← Schloss Bran liegt an einer Passstraße zwischen Siebenbürgen und der Walachei etwa 30 Kilometer südöstlich von Braşov.

Tipp

AUF DRACULAS SPUREN

Das Schloss Bran, besser bekannt als Burg des Grafen Dracula, liegt mit dem Bus nur knapp eine Stunde entfernt. Auch wenn Graf Vlad III. nie in der Gegend von Brasov gelebt hat, gilt er als historisches Vorbild von Dracula.

Dann kaufen wir unser Ticket direkt am Hauptbahnhof București Nord. Pünktlich (!) ruckelt unser Regionalzug der staatlichen Eisenbahngesellschaft (CFR) los. Unsere erste sehenswerte Haltestelle außerhalb Bukarests ist die Provinzstadt Ploiesti (Süd und Ost). Hier besichtigen wir die historische Markthalle, die Freiheitsstatue, den Palast der Kultur, das Uhrenmuseum, das Geburtshaus des Dichters Nichita Stănescu und die Kirche Johannes des Täufers (Biserica Sfântul Ioan Botezătorul).

Schloss und Residenz

Auf unserem Weg zum nächsten Stopp Campina wechseln sich in der ebenen Landschaft Agrarfelder mit Waldpartien ab. In Campina besichtigen wir das Schloss Iulia Hasdeu und das Wahrzeichen der Stadt, den Turnul Din Pisa. Auf unserem Weg zum Iulia Hasdeu Museum besuchen wir noch die Ruinen des Mavros-Cantacuzino-Palastes, die Magureni-Kirche, die Ruinen des Draghici-Cantacuzino-Palastes, die Ruinen des Fürstenhofes von Lady Stanca und das Memorial House Nicolae Grigorescu. Auf unserer weiteren Reise verdrängen bewaldete Hügel das Flachland und unser Zug schlängelt sich durch das enge Prahova-Tal. Der gleichnamige Fluss begleitet uns durch das liebliche Tal, bis es sich zu einer Schlucht verengt. Dann wechseln sich Brücken und Bahntrassen ab – bis wir in der Ferne den schneebedeckten Gipfel des Bucegi-Gebirges erkennen und in die Bergwelt der einzigartigen Karpaten einfahren.

»Der kleine Holzklotz bringt den großen Wagen zum Stürzen.«

Altes rumänisches Sprichwort

Dann – endlich – kommen wir nach Sinaia. Der Ort ist weltweit bekannt für seine beiden pompösen Schlösser sowie die prächtigen Villen weiterer bedeutender Persönlichkeiten. Das wunderschöne Schloss Peles, mit den herrlichen Türmen, Erkern und Verzierungen, wurde Ende des 19. Jahrhunderts als Sommerresidenz für den rumänischen König Carol I. erbaut. Das über 3200 Quadratmeter große Schloss verfügt über 160 Zimmer, ein im Jugendstil erbautes Theater, eine Ehrenhalle und über einen zehn Meter hohen Turm. Heute befindet sich im Inneren ein Museum mit beeindruckenden Gemäldesammlungen, Skulpturen, antiken Möbeln und Teppichen und vielen anderen kostbaren Gegenständen aus der damaligen Zeit. Die größte Besonderheit von Schloss Peleş ist allerdings die märchenhafte Außengestaltung der Gebäude, die es wie ein verwunschenes Märchenschloss wirken lässt. In der Nähe von Schloss Peleş, etwa 300 Meter entfernt auf einem Hang, liegt das kleinere Schloss Pelisor, das als Residenz für Prinz Ferdinand I. und Königin Maria von Rumänien erbaut wurde. Auch der rumänische Diktator Nicolae Ceauşescu weilte zeitweise hier.
Dann setzen wir unsere Fahrt zum Ziel in bescheidenem Tempo fort. Kurvenreich vernichtet unser Zug Höhenmeter für Höhenmeter, bis wir in der malerischen Metropole Brasov ankommen. Ehemals deutsch auch Kronstadt genannt, ist die Stadt mit mehr als 550 000 Einwohnern eine Metropole in der Region und wird – geschmiegt an den Fuß der Karpaten – umgeben von Höhenzü-

↖ Schloss Peleş bei Sinaia wurde im 19. Jahrhundert für König Carol I. erbaut.
→ Uhrenmuseum Nicolae Simache in Ploieşti.

Tipp

VIELSEITIGES TERRAIN

Rund um Brasov befinden sich wunderbare Wandergebiete. Es gibt verschiedene Routen in unterschiedlichen Schwierigkeitsgraden von leicht bis schwer, abhängig von Gelände, Steigung und Untergrund, der auch schon mal felsig sein kann. Aber Vorsicht: auf Bären achten!

gen und dichten Wäldern. Brasov hat sich trotz ihrer heutigen Größe den Charme einer mittelalterlichen Siedlung bewahrt: Mit ihren malerischen roten Ziegeldächern der Kirchen und Häuser in der Innenstadt, den alten Stadtmauern aus sächsischen Siedlungszeiten im 12. Jahrhundert und dem Kopfsteinpflaster lohnt sich ein Besuch auf jeden Fall: ob wegen der berühmten Schwarzen Kirche, die bei einem Brand im Jahr 1689 ihre Mauerfärbung erhielt, einem Bummel in der historischen Fußgängerzone oder einem Spaziergang über den alten Rathausplatz (Piata Sfatului) mit seinen bunt bemalten und kunstvoll verzierten Barockstrukturen.

Europas Urwälder

Übrigens verfügt Rumänien in seinen Bergwäldern über schätzungsweise zwei

Drittel aller noch erhaltenen Urwälder in Europa außerhalb Skandinaviens. So auch im Făgăraş-Gebirge, einer Gebirgsgruppe der Südkarpaten. Dort finden wir jahrhundertealte geschützte Bäume und viel lebendiges Totholz. Urwüchsigkeit ohne Ordnung mit einem riesigen Artenreichtum. Diese Urwälder erhalten mit ihrem dichten Kronendach und ihrer Altersstruktur ihr eigenes Mikroklima und sind widerstandsfähig gegenüber Umwelteinflüssen wie Dürren oder Stürmen. Sie speichern große Mengen Kohlenstoff in ihrem Holz und im Boden. Zudem sind diese Wälder Heimat für Hunderte Tiere und Pflanzen, die heute in Europa ausgestorben oder bedroht sind. Doch dieses besondere Naturerbe ist in höchster Gefahr: Illegales Holzfällen unter Beteiligung staatlicher Stellen ist in Rumänien seit Jahren ein Problem. Fast ein Drittel der rumänischen Wälder sind verschwunden, allein in den vergangenen fünf Jahren wurden 243 000 Hektar Wald abgeholzt. Es geht darum, die Urwaldriesen gezielt zu schlagen, damit der Schutzstatus als unberührte Wälder nicht mehr erteilt wird und die Millionengeschäfte durch den Raubbau weitergehen können.

↑ Wunderschöne Architektur schmückt das historische Zentrum Bukarests.
↙ Noch bedecken riesige Wälder die weiten Flächen Transsilvaniens.

Info

Das Eisenbahnnetz in Transsilvanien ist mit Schnellzügen und Regionalzügen gut ausgebaut. Die Fahrzeiten können sich jedoch tagesaktuell verschieben und die Taktung der Züge hängt stark von der Region ab. Zugfahren in Transsilvanien ist günstig. Ab Bukarest gibt es ungefähr alle 2 Stunden eine Bahnverbindung mit zwei verschiedenen Zuggattungen nach Brasov: mit dem Interregio (IR) in 2:45 Stunden oder dem Regio (R) in 3:30 Stunden. Die Strecke beträgt knapp 145 Kilometer. Tickets am Bahnhof oder online kosten ca. 10 EUR.
Weitere Informationen unter cfrcalatori.ro

Zahlreiche Brücken überspannen die Lyoner Flüsse Saône und Rhône, sodass man schnell von einem ins nächste Viertel kommt. Im Hintergrund der Fourvière-Hügel mit gleichnamiger Kirche und Turm.

Der berühmteste Zug der Welt

Vom Feinsten wie eh und je

Lange noch bevor Graham Greene, Agatha Christie oder zahlreiche andere Schriftsteller den Venice Simplon-Orient-Express zum Protagonisten ihrer literarischen Werke machten, war er eine Berühmtheit. Denn bereits Anfang des 20. Jahrhunderts war er der Inbegriff der Goldenen Zwanzigerjahre, einer Zeit des gehobenen Luxus und des technisierten Zugangs zur weiten Welt auf mehreren Routen quer über den europäischen Kontinent.
Die originalen Waggons von 1920 sind heute sorgfältig restauriert und versetzen uns in eine andere Welt, allerdings mit dem Komfort von heute. Nur einmal pro Jahr fährt der Orient Express die originale Strecke von Paris nach Istanbul. Die Reise dauert dann insgesamt sechs Tage. Im Sommer hingegen werden einzelne Reisen angeboten, wie z. B. über Budapest, Wien, Prag, München oder Rom. Mehrmals im Monat kann man heute auch noch im Originalzug dieser Zeit von Paris nach Venedig reisen. Die Fahrt dauert je nach gewählter Verbindung bis zu 33 Stunden, bietet jedoch die Möglichkeit, Europas Vielfalt extrem entspannt kennenzulernen: einschlafen irgendwo hinter Calais und erwachen mit Blick auf das Schweizer Alpenpanorama, das sich dann nach und nach in der mediterranen Vegetation verliert. Man passiert die großen Schweizer Seen, die österreichischen Pässe wie Arlberg und Brenner oder die Lagune von Venedig, stimmiges Ende einer schönen Zugfahrt.

Bei all dem Luxus ist es allerdings die Naturkulisse, die eine Fahrt mit dem Venice Simplon-Orient-Express so unvergesslich macht. Und damit wir als Gäste entschleunigen, uns wohlfühlen und uns auf die wunderbaren Aussichten konzentrieren können, kümmern sich speziell geschulte Zugbegleiter um unser Befinden. Wer sich richtig etwas gönnen möchte, der bucht eine der drei Grande Suiten mit eigenem Butler-Service, Bad, Wohn- und Schlafbereich sowie Champagner-Flatrate.

↖ Der Prachtzug macht im bulgarischen Bahnhof Russe schon was her.
→ Im Innern geht es ebenso edel und elegant weiter.

Der flache und weite Sandstrand bei De Haan an der belgischen Nordseeküste eignet sich hervorragend zum Kitesurfen und für andere Wassersportarten.

Etwas Zeit
mitbringen …
unbedingt

19 Von Levanto nach La Spezia

Fünf kleine Orte in Ligurien

Mit dem Cinque Terre Express besuchen wir die kleinen Orte in der italienischen Region Ligurien, nordwestlich von La Spezia.

Unsere Reise von Levanto bis La Spezia Centrale dauert ohne Zwischenstopp nur etwa 40 Minuten, entführt uns allerdings an Plätze mit atemberaubenden Ausblicken auf den Ozean, pastellfarbenen kleinen Dörfchen, imposanten Küsten und terrassenförmigen Weinbergen.

UNESCO-Weltkulturerbe

Die Cinque Terre gelten als Inbegriff italienischer Kulturlandschaft. Wie Perlen an einer Kette reihen sich die malerischen fünf Dörfchen entlang der Steilküste der ligurischen Riviera auf. Unsere Reise führt uns entlang der steilen Küste genau an diese von Südosten bis Nordwesten aufgereihten Dörfer Monterosso al Mare, Vernazza, Corniglia, Manarola und Riomaggiore, die alle über Wanderwege miteinander verbunden sind. Die Region ist als Parco Nazionale delle Cinque Terre geschützt und darf baulich nicht verändert werden. Zusammen mit Porto Venere gelten die Cinque Terre seit 1997 als UNESCO-Weltkulturerbe. Der Nationalpark ist international berühmt für seine Wanderwege. Man kann den Park über zwei verschiedene Routen durchqueren: entweder über den Apennin-Hochweg »Alta via Cinque Terre« über die ligurischen Berge oder über den Blauen Wanderweg entlang der Steilküste von einem Dorf zum nächsten.

↗ Der Ort Vernazza ist einer der Cinque Terre und UNESCO-Weltkulturerbe.
← An der ligurischen Küste verlaufen Zugstrecken oft im Tunnel.

Einzigartige Ausblicke

Die Cinque Terre sind per Zug wunderbar zu erreichen. Zudem herrscht in den Dörfern Fahrverbot und Parkplätze sind ausschließlich den Einwohnern vorbehalten. So genießen wir die wunderbaren Ausblicke und steigen in den Dörfern aus und ein. Unser erster Stopp ist das westlichste, Monterosso al Mare, das zugleich das älteste und größte der fünf Dörfer und der ideale Ausgangspunkt für eine Besichtigung des Nationalparks ist. Gleich um die Ecke des Bahnhofs liegt der einzige echte Sandstrand. Durch einen Tunnel erreichen wir in zehn Minuten über den Ortsteil Fegina die mittelalterliche Altstadt, die von der mächtigen Festung Obertenga überragt wird. Unser nächster Halt ist Vernazza, das auch als das schönste Dorf der Cinque Terre bezeichnet wird und 100 Meter über dem Meer auf einem Hügel liegt. Über dem kleinen Hafen mit seinen bun-

Tipp

FLEXIBEL UNTERWEGS

Wir kaufen uns eine Cinque Terre Card, damit wir beliebig oft an der Strecke aussteigen dürfen. Zudem beinhaltet diese die Nutzung der sonst kostenpflichtigen Wanderwege und Minibusse im Nationalpark.

ten Fischerbooten thront die Kirche Santa Margherita di Antiochia mit ihrem zierlichen Glockenturm, dessen Kuppel in der Sonne funkelt. Die Halbinsel wird von der alten Festung Castello Doria dominiert. Auf dem Turm bewundern wir das Städtchen von oben. Falls wir vom Hafen die Hauptstraße hinaufschlendern, entdecken wir auf der rechten Seite eine kleine Grotte unter den Häusern. Von hier können wir wunderbar das Spiel der Wellen beobachten. Ein Muss ist die hübsche Pfarrkirche di San Pietro

»Entschleunigung ist das Motto dieser Zugfahrt.«

im Zentrum des Dorfes. Die Fassade ist aus weißem und rosa Carrara-Marmor gefertigt. Von der Terrasse Santa Maria aus haben wir einen grandiosen Panora-

mablick auf die Küste und das Meer. Dann geht's weiter nach Manarola, das idyllisch auf einem kleinen Felsvorsprung liegt. Da der Ort sehr wenig Platz bietet, wurde stufenartig und sehr dicht aneinandergebaut. Im kleinen Hafen haben nicht viele Boote Platz, sodass sie einfach mitten auf der Straße geparkt werden. Die Pfarrkirche San Lorenzo mit ihrer hübschen Rosette aus Carrara-Marmor finden wir etwas oberhalb des Dorfes. Daneben befindet sich das Oratorium. Wenn wir der Hauptstraße Via Belvedere folgen, gelangen wir direkt zu einer Aussichtsplattform über dem Meer. Last but not least erreichen wir Riomaggiore. Es ist der östlichste Ort und nur sechs Minuten mit dem Zug von La Spezia entfernt. Auch wenn Riomaggiore sehr klein ist, besitzt es doch fünf Kirchen und Kapellen. Besonders sehenswert ist die San-Giovanni-Pfarrei. Die älteste ist jedoch die Kirche St. Antonius aus dem 13. Jahrhundert. Am Rathaus entdecken wir Wandmalereien mit Alltagsdarstellungen der einheimischen Winzer und Fischer. Auf den Überresten der Genueser Burg in der Oberstadt haben wir einen tollen Ausblick. Das Dorf wirkt noch beeindruckender, wenn wir

↑ Überaus fotogen: der Sentiero azzurro, der Blaue Wanderweg, bei Vernazza.
↙ Auch in Monterosso al Mare gibt es einen Bahnhof.

uns dem Hafen per Schiff nähern, denn dann bietet sich die Perspektive der Turmhäuser, die sich rechts und links der Hauptstraße gen Himmel strecken.

Info

Die Züge fahren regelmäßig alle 30 Minuten, am Wochenende sogar alle 15 Minuten, und halten in allen fünf Dörfern.
Es reicht, die Fahrkarte an der Kasse oder den automatischen Kassen zu kaufen und diese am Bahnhof abzustempeln. Keine Fahrkarten vorher kaufen. Nur Fahrkarten für Schnellzüge durch Italien, wie z. B. Mailand – Rom, müssen vorher gekauft werden.

Kosten: 1 Tag ab ca. 19 EUR, 2 Tage ab ca. 33 EUR

Weitere Infos unter trenitalia.com

20 Von Jesenice nach Nova Gorica

Historischer Museums- oder Linienzug

Die Eisenbahnstrecke der Wocheinerbahn entlang des Tals der Soča erscheint uns wie eine Reise aus einem Bilderbuch. Wer will, nutzt den historischen Museumszug.

Die Wocheinerbahn wurde Anfang des 20. Jahrhunderts als Teil der kaiserlich-königlichen österreichischen Staatsbahnen erbaut und nach dem Bohinj-Tal (deutsch: Wochein) benannt. Die schönste Eisenbahnstrecke Sloweniens führt uns von Jesenice nach Nova Gorica. Die knapp zweistündige Fahrt mit der Wocheinerbahn (slowenisch: Bohinjska Proga) quer durch die Julischen Alpen ist ein eindrucksvolles Erlebnis. Die etwa 90 Kilometer lange Strecke führt uns durch 28 Tunnel, über fünf Viadukte und 65 Brücken. Eine davon ist die Salcanobrücke mit einer Spannweite von 85 Metern. Übrigens die weltweit größte gemauerte Steinbogenbrücke.

Auf der Strecke fährt auch ein historischer Museumszug mit farbenfrohen Waggons, für den man vorab Tickets buchen sollte. Wir nehmen aber den günstigeren ganz regulären Linienzug.

Tipp

DAS MEER IST NAH

Wer von Nova Gorica bis Triest weiterfahren möchte, geht über die Staatsgrenze zum italienischen Bahnhof Gorizia und kann die Fahrt mit der Karstbahn bis an die Adria fortsetzen.

Phänomenale Ausblicke

Wir starten nur wenige Kilometer von der italienischen Grenze entfernt in Jesenice (deutsch Aßling) in Slowenien. Schon 15 Minuten nach Abfahrt des Zuges in Jesenice reihen sich landschaftliche Höhepunkte aneinander, die uns aus dem Staunen nicht rauskommen lassen. Dann ist unser erster interessanter Halt Podhom. Dort besuchen wir die beeindruckende Vintgar-Klamm (Vintgar George) im Triglav Nationalpark. Sie liegt 15 Minuten Gehweg vom Bahnhof entfernt. Mit ihrem satten türkisfarbenen

→ Bereits im 12. Jahrhundert wurde an die Stelle der jetzigen Höhlenburg Predjama eine erste Burg in die Felswand gebaut.

Wasser, massiven Felswänden und dem lauten Rauschen entlang des Radovna-Flusses bietet sie phänomenale Ausblicke. Kurz vor dem Ende der Klamm sehen wir die Bohinjer Eisenbahnbrücke und den Šum-Wasserfall. Die Schlucht ist hier unter der Brücke rund 53 Meter breit und »unsere« Bahn überquert die Klamm in rund 33 Metern Höhe.

»Lieber aus der Bahn geworfen als auf der Strecke bleiben.«

Unser nächster Stopp ist die wundervolle Stadt Bled an dem traumhaften und berühmten Bleder See. Das bläulich-grüne Wasser ist dabei nur einer von vielen Gründen, diesen wunderschönen See zu besuchen. Die Insel im See kann man in den wärmeren Monaten mit der traditionellen gondelähnlichen Pletna besuchen. Dort finden wir die Kirche aus dem 17. Jahrhundert und auf einer Klippe die mittelalterliche Burg von Bled. Zu ihr gehört die Glocke aus dem 16. Jahrhundert. Wenn wir auf die Burg steigen, haben wir einen atemberaubenden Blick auf die ruhigen Gewässer ringsum.

↖ Per Pletna können wir zur Kirche auf dem Bleder See gelangen.
← Der Triglav, höchster Berg Sloweniens mit 2864 Metern.
→ Atemberaubende Ausblicke in die Vintgar-Schlucht.

Höhlen und Klammen

Für uns geht's weiter nach Bohinjska Bela. Der Ort liegt am linken Ufer des Flusses Sava Bohinjka, der weltweit als Fluss der Fliegenfischer bekannt ist. Dort besuchen wir die Pfarrkirche der Hl. Margarethe. Sehenswert ist auch die Höhle unter dem Babji zob (Weiberzahn), die mit einem Höhlenführer des Höhlenvereins besucht werden kann. Sie liegt unweit des Dorfes Kupljenik am rechten Ufer des Flusses, wo wir auch die Wallfahrtskirche St. Stefan finden. Weiter geht's nach Bohinjska Bistrica. Der kleine Ort gilt auch als Tor zum Triglav-Nationalpark, obwohl er selbst nicht mehr dazu gehört. In der Umgebung entdecken wir den Bohinj-See. Es ist der größte Gletschersee Sloweniens

und umgeben von sattgrünen Almen und dem Berg Vogel. Übrigens fährt von Bohinjska Bistrica regelmäßig ein kostenloser Bus zum See. Die Fahrt dauert rund 20 Minuten.
Wer viel Zeit mitbringt, der sollte in Grahovo aussteigen und per Zug zu den Höhlen von Postojna fahren. Es handelt sich dabei um die größten Schauhöhlen in Europa. Das bezaubernde Most na Soči, der nächste Halt, liegt direkt an der Soča und am Idrijca. Die Soča-Tröge gelten als eines der schönsten Täler in den Julischen Alpen. Das Tal und die Tolominer Klammen sind einen Besuch wert. Die Hauptattraktion in Most na Soči ist sicherlich der smaragdgrüne See, der von der Soča gespeist wird. Dieser wurde angestaut, aber natürlich belassen.
Bevor wir dann in Nova Gorica ankommen, überqueren wir noch das Highlight der Fahrt: die Salcanobrücke. Übrigens ist Nova Gorica der slowenische Stadtteil, während Gorizia den italienischen Teil abgibt. Direkt vor dem stattlichen Bahnhofsgebäude finden wir auf der gegenüberliegenden Straßenseite die Grenze. So stehen wir an der Grenzmarkierung mit einem Fuß in Italien und mit dem anderen in Slowenien! Interessant ist hier das Franziskanerkloster Kostanjevica. Dort liegt der 1836 verstorbene letzte Bourbonenkönig, Karl X., begraben.

↑ Die Schauhöhle von Postojna sollten wir uns nicht entgehen lassen.
← Wunderschön, aber eiskalt: das Wasser der Soča in den Julischen Alpen.

Info

Die Wocheinerbahn fährt täglich sechsmal nach Nova Gorica. Die genauen Zeiten sind zu finden unter potniski.sz.si/en/
Am besten kauft man das Ticket in Jesenice. In Deutschland gekaufte Tickets können oftmals vor Ort nicht gescannt bzw. gelesen werden.
Kosten pro Fahrt ca. 10 EUR

Hin- und Rückreise sind problemlos an einem einzigen Tag machbar. Falls doch mal keine passende Rückfahrzeit gefunden wird, kann man per Direktbus zurück nach Jesenice fahren.

Infos unter ap-ljubljana.si/en

21 Die Bergenbahn

Von Fjord zu Fjord

Die wichtigste Fernstrecke der staatlichen norwegischen Bahngesellschaft VY ist die Route zwischen den beiden größten Städten des Landes, der Hauptstadt Oslo und Bergen. Die Strecke zählt zu den landschaftlich schönsten in Europa.

Ihr Name ist etwas einfallslos, aber zutreffend: Die Skandinavischen Berge ziehen sich durch die ganze gleichnamige Halbinsel, Schweden zur Linken, Norwegen zur Rechten. Hier enden die Berge direkt am Atlantik, oft fallen sie steil ab ins Meer. Hier schufen die Wogen, vereint mit den Kräften von Regen, Wind, Seesalz, Frost und Sonne das Markenzeichen Norwegens: die Fjorde, tief ins Gebirge ragende Arme des Ozeans. Und die Gleise, die über und durch diese majestätische Natur vom Oslofjord zum Bergenfjord führen, tragen die legendäre Bergenbahn.

Tipp

OSLO – DIE HAUPTSTADT

Oslo liegt am Ende des tief ins Land reichenden gleichnamigen Fjords, schon von Weitem sieht man auf den Fähren das hochragende Backsteinrathaus. Dort wird jährlich der Friedensnobelpreis vergeben. Das Opernhaus von 2008 ist ein Architekturjuwel, dem jedermann aufs Dach steigen kann. Noch besser ist die Aussicht von der Skisprungschanze Holmenkollen, die auch das älteste Skimuseum der Welt birgt

Rustikaler Bordkomfort, …

Die traditionsreiche, 1909 erstmals auf voller Länge eröffnete Bahn ist eine oft und weit über Norwegen hinaus gepriesene Touristenattraktion. Doch an Bord mangelt es angesichts einer Sieben-Stunden-Reise zumindest in unserem Waggon an Komfort: Die Sitze erinnern an die einstigen ungemütlichen Vorortzüge der Deutschen Bundesbahn. Der verheißene Bistrowagen fehlt mit Verweis auf einen Automaten für Getränke und Snacks im Waggon. Der Automatenkaffee erklärt wahrlich nicht, warum die Norweger zu den Größten im weltweiten Kaffeekonsum zählen. Im Vergleich zu den Schweizern, den Meistern von Glacier Express & Co., fällt Norwegen hier ziemlich ab … Nun schön, die Attraktion dieser Reise

→ Das Opernhaus in Oslo, einem treibenden Eisberg nachempfunden, und die Deichman-Bibliothek bilden ein futuristisches Bauensemble.

liegt ja auch außerhalb der – recht großen – Waggonfenster: eindrucksvolle Landschaften, die in ihrer Aneinanderreihung wie ein Querschnitt durch das Land wirken – Norwegen in einer Nussschale. Wenn die Elektroloks im Zentralbahnhof (Sentrastasjon oder kurz Oslo S) losfahren, rollen sie erst durch den 3635 Meter langen Oslotunnel – den ersten von insgesamt 182 Tunneln mit einer Gesamtlänge von 73 Kilometern. Jenseits der 1980 eröffneten langen Röhre unter der Kapitale gleiten die Züge für eine

»Eine der höchstgelegenen Bahnlinien Europas.«

Weile durch die nicht sonderlich attraktiven Vororte. Die schöne Küste des Oslofjordes bleibt hinter Häusern verborgen. Fast unmerklich steigt die Trasse an,

doch noch merkt man nicht, dass man auf einer der höchstgelegenen Bahnlinien Europas unterwegs ist.

... dafür tolle tierische und landschaftliche Eindrücke

Die erste Station nach 42 Kilometern ist Drammen, eine Großstadt der Metropolregion Oslo. Sie liegt an der Mündung des Drammenselva in einen Nebenarm des Oslofjordes. Der lachsreiche Fluss zieht Angler aus ganz Europa an. Via Hønefoss fährt die Bergenbahn duch das Tal des Hallingdalselva bergan nach Flå. Das als Ausflugsziel beliebte Dorf hatte einst eine bärenreiche Nachbarschaft, davon blieb ein Bärenpark, in dem auch Elche, Wölfe, Luchse und andere lokale Tierarten in weitläufigen Gehegen leben. Amur-Leoparden, Krokodile, Pythonschlangen und ein Rummelplatz sollen vor allem einheimische Familien anlocken.
Auf der Weiterfahrt ändert sich die Szenerie, es wird bergiger, weniger grün und einsamer. Das kleine Nesbyen (3300 Einwohner) lebt – wie die meisten Kommunen an der Bahnlinie – vom Tourismus, im Sommer mit vielen Wanderern wie im Winter mit Skiläufern. Das etwas größere Gol (4600 Bürger) hat auch Land- und Forstwirtschaft, aber die meisten Arbeitsplätze liefert auch hier der Fremdenverkehr – die größte Sehenswürdigkeit ist der Nachbau einer fotogenen hölzernen Stabkirche. Eine frühere Stabkirche an dieser Stelle ging zuvor an das Norwegische Volksmuseum (Norsk Folkemuseum) in Oslo.
Die Bahntrasse wird nun steiler und die nächsten drei Stationen sind auch vielen Wintersportlern außerhalb von Norwegen bekannt. Geilo liegt auf etwa 800 Meter Höhe und bereits in der subarktischen Klimazone, der kleine Ort (2500 Einwohner) gilt deshalb als schneesicher, das Netz der Langlaufloipen misst 220 Kilometer. Zu den Abfahrten führen 18 Lifte. Im Sommer sind die Wander- und Radwege gut frequentiert. Der Ort hat auch ein zweites Gewerbe, die traditionelle Schmiedekunst: Messer aus Geilo wurden und werden in alle Welt exportiert.
Bei Geilo erreicht die Bergenbahn die Hardangervidda, die größte und weithin noch wilde Hochebene Europas. Auf den mehr als 8000 Quadratmetern des Fjell

↑ Traditionelle norwegische Holzhütte mit Gras auf dem Dach.
↙ Fast unberührte Landschaften durchfährt der Zug zwischen Oslo und Bergen.

Tipp

BERGEN – DIE FJORDMETROPOLE

Bergen ist mit rund 290 000 Bürgern die zweitgrößte Stadt Norwegens. Wer aber Bergen am alten Hafen kennenlernt, denkt eher an eine gemütliche Kleinstadt. Die Fischhändler an der Kaimauer sind ein Markenzeichen der Stadt. Das gilt noch mehr für das benachbarte Bryggen-Quartier (früher »Deutsche Brücke«), deren rekonstruierte Holzhausfassaden den Hafensaum zieren. Bryggen war einst Handelskontor der Hanse.

(hier ein Begriff für eine baumlose alpine Landschaft) befindet sich auch der mit mehr als 3400 Quadratkilometern größte Nationalpark des Landes. Auf dem von Eiszeitgletschern abgeschliffenen Gebirgsplateau sollen weit mehr als 10 000 Rentiere leben. Die karge, aber eindrucksvolle Landschaft liegt zwar oberhalb der Baumgrenze, ist aber trotz der relativ südlichen Lage eine Heimstatt für viele.

Nun folgt der Höhepunkt der Reise, wortwörtlich: Die Station von Finse ist mit 1222 Metern der höchstgelegene Bahnhof Nordeuropas, der Ort selber besteht nur aus einem Hotel, einer Handvoll Häusern und einer großen Berghütte des norwegischen Wandervereins, die einst von den Nazi-Besatzern als Keimzelle eines nie erbauten Militärflughafens errichtet wurde. Bisweilen sieht man skurril kostümierte junge Leute in Finse, die daran erinnern, dass Szenen des Star-Wars-Films »Das Imperium schlägt zurück« auf einem Gletscher bei Finse gedreht wurden. Krimifreunden ist das Finse 1222 bekannt als Tatort der Mordgeschichte »Der norwegische Gast« der einheimischen Autorin Anne Holt.

Hinter dem Nest beginnt der gut 10,3 Kilometer lange Finsetunnel, in dessen Verlauf der Zug mit 1237 Metern über dem Meer den Scheitelpunkt der Strecke passiert. Der nächste Bahnhof, Myrdal, liegt nur noch 867 Meter hoch am Rand der Hardangervidda. Hier zweigt die gut 20 Kilometer lange Trasse der Flåmsbahn zum Atlantik ab. Bei Voss ist die

↗ Die Fjordlandschaft bei Bergen ist weit verzweigt.
← Schmucke und farbenfrohe Holzfassaden im Bryggen-Quartier.

Landschaft wieder tiefgrün und belaubt, die Kleinstadt ist bekannt als Treffpunkt für Extremsportler. Dale, der letzte Halt vor der Küste, hat zwar weniger als 1200 Einwohner, ist aber weltbekannt. Die Strickwarenfabrik Dale of Norway verkauft ihre Norwegerpullover auf allen Kontinenten. Man glaubt in Dale schon das Meer zu riechen, und nach insgesamt 505 Kilometern ist Bergen erreicht.

Info

Täglich verkehren auf der Bergenbahn vier bis sechs Züge je Richtung, auch nachts mit Schlafsitzen. Die Züge haben zwei Wagenklassen. Es empfiehlt sich, Tickets frühzeitig zu reservieren, auch im Winter, wenn Skiläufer die Verbindung nutzen. Dann halten Schneefräsen auf der baumlosen Hochebene Hardangervidda die Gleise frei. Der Rallarvegen ist ein beliebter unbefestigter Radweg entlang der Bergenbahn auf der Hardangervidda. Die gut 80 Kilometer lange Route beginnt in Haugastøl nahe Geilo.
Die Flåmsbana zweigt ab in Myrdal nach Flåm am Sognefjord. Die Strecke ist zwar nur 20 Kilometer lang und hat 20 Tunnel, gilt aber als eine der schönsten (und steilsten) der Welt. Die Fahrt dauert etwa eine Stunde. Die Tickets müssen vorab gebucht werden.

www.visitnorway.de

22 Im Spezialzug durch den eisernen Norden Schwedens

Personen sind hier nicht die Hauptfracht

Ganz oben, wo Schweden noch wirklich wild ist, graben und sprengen fleißige Bergleute viel Erz aus dem Fels. Abtransportiert wird es mit einer Bahn, auf deren Gleisen auch einige Personenzüge rollen dürfen. Zunehmend nutzen sie Touristen, die den Polarkreis, seine Landschaft und seine nicht immer friedvolle Vergangenheit erkunden wollen.

Schwedenstahl! Ein Name, der heute seltener gebraucht wird, aber einst für ein Qualitätsmetall stand, das zum Beispiel gute Messerschmiede weltweit für ihre Produkte nutzten und bis heute nutzen. Deshalb sind auch die Eisenminen von Kiruna und Gällivare in Schwedisch-Lappland, in denen Erz mit bis zu 70 Prozent hochwertigem Eisen aus den Bergwerken zu Tage gefördert wird, global bekannt. Bereits im 17. Jahrhundert verarbeiteten die Bewohner dieser Region ihre Eisenfunde zu Werkzeugen und anderem. Allerdings blieb dies ein mehr oder minder lokales Geschäft, weil der Abtransport des Erzes aus dieser entlegenen Gegend schwierig war. Das änderte sich erst mit dem Bau der Erzbahn, die heute vom schwedischen Ostseehafen Luleå bis zum norwegischen Nordseehafen Narvik führt.

← Im norwegischen Narvik reichen die Berge ganz nah ans Wasser heran.

Tipp

LULEÅ – EISBAD IM BOTTNISCHEN MEER

Besuchenswert ist das Kirchendorf Gammelstad (Luleås Geburtszelle). Die um eine mittelalterliche Kirche gruppierten Häuschen wurden als Weltkulturerbe geadelt. Eine Besonderheit sind im Winter Touren mit dem Eisbrecher Polar Explorer plus ein Gang auf dem Eis und ein Bad im Bottnischen Meer – im Überlebensanzug. Das große Freiluft-Eisenbahnmuseum Norrbottens Jarnvagsmuseum ist immer und gratis zugänglich.

Gällivare und Kiruna sind die wichtigsten Stationen im Inland. Die »Malmbanan«, die Erzbahn, ist die nördlichste Bahnlinie in Normalspur, die mit dem europäischen Eisenbahnnetz verbunden ist – sie verläuft größtenteils nördlich des Polarkreises.

Von Küste zu Küste

Verständlicherweise nutzten auch die Anwohner die wachsende Strecke bald für ihre Reisen: 1888 wurde der Abschnitt von Luleå nach Gällivare eröffnet, 1899 die Verlängerung nach Kiruna und 1903 schließlich die Trasse ins Nachbarland und nach Narvik. Seither konnte man von Küste zu Küste fahren, ab 1923 auch unter elektrischer Oberleitung. Die Erzbahn für Passagiere war allerdings wegen schwankender Nachfrage bisweilen vom Ende bedroht, das änderte sich erst nach dem Zweiten Weltkrieg mit einer zunehmenden Zahl von Touristen, die diese ungewöhnliche Verbindung im hohen Norden entdeckt hatten. Inzwischen hat die Erzbahn sogar Eingang in Kataloge von Bahnreiseveranstaltern gefunden.

Das ist verständlich, denn wo haben passionierte Eisenbahnfreunde schon einmal die Möglichkeit, quasi zumindest indirekt Teil eines Spezialbetriebs zu werden, der täglich Züge mit 68 Waggons im Gesamtgewicht von 8600 Tonnen über die Berge zieht, gezogen von eigens konstruierten E-Loks (Iore-Klasse). Auch die Waggons sind Spezialentwicklungen (»Hopper«), die ihre Erzfracht an den Entladestationen in den Häfen von Luleå und Narvik vollautomatisch freigeben. Eine wahrlich gewichtige Operation, die üblichen Bahntrassen halten das nicht aus. Deshalb wurden die Gleisanlagen verstärkt: Die Last, die auf jeder Achse maximal lasten darf, beträgt bis zu 32,5 Tonnen; zum Vergleich: In Deutschland sind es meist 22,5 Tonnen. Die erste größere Stadt auf der fast 500 Kilometer langen Fahrt nach Narvik ist Boden, etwa 35 Kilometer von Luleå entfernt. Das Dorf wuchs ab 1888 mit der Bergenbahn, 1894 kam die Strecke nach Stockholm hinzu. Boden ist seither ein Eisenbahnknotenpunkt (eine Strecke ins nahe Finnland ist in Vorbereitung) und hat somit seit dem Kalten Krieg und der russischen Bedrohung strategische Bedeutung. Deshalb entstanden hier mehrere Festungen und Militäranlagen, die zum Teil besichtigt werden können. Boden, das immer noch der Armee dient, etwa bei der Rekrutenausbildung, hat ein sehenswertes Militärmuseum.

Ganz nah am Polarkreis

Nach Überquerung des Polarzirkels hält die Erzbahn in Gällivare und ihrer Nachbargemeinde Malmberget, beides sind Bergbauzentren. Das »eiserne Herz Schwedens« ist erreicht. Für die Samen, die Ureinwohner in Skandinaviens hohem Norden, war der Ort schon lange vor dem Bergbau ein wichtiges Zentrum, vor allem, als die Samen der Region noch als Nomaden mit ihren Rentierherden wanderten. Die Geschichte und Kultur dieses Volkes repräsentiert ein Museum in Gällivare. Hauptattraktion der Kleinstadt (rund 13 000 Einwohner) ist aber die scheinbar endlose und fast menschenleere Natur ringsum – die Gemeinde Gällivare ist etwa so groß wie Schleswig-Holstein. Raum genug für die beliebten Nationalparks Muddus und Stora Sjöfallet.

Kiruna, der nächste wichtige Halt der Erzbahn, ist die nördlichste Stadt in Schweden und zählt etwa 18 000 Bewohner. In der Mitternachtssonne, die ent-

»In der Mitternachtssonne sonnt sich Kiruna im Juni und Juli 50 Nächte.«

↖ Dämmerstunde in Riksgränsen, einem Ort in Norrbottens län.
→ Bei Rautas führen die Gleise über den gleichnamigen Fluss.

Tipp

BESUCH BEIM VIELFRASS

Dank des Golfstroms ist Narvik immer eisfrei und nutzbar für den Erzexport. Die Stadt (18 000 Einwohner) ist von Bergen umgeben. Auf das Fagernesfjellet (656 m) führt die Narvik Gondol, eine Kabinenseilbahn, die eine großartige Aussicht bietet. Der »nördlichste Tierpark der Welt«, der Polar Park, liegt 70 Kilometer nördlich von Narvik. Er zeigt Bären, Wölfe, Luchse und Elche, auch den weniger bekannten Vielfraß.

lang der gesamten Route je nach Lage an unterschiedlich vielen Tagen scheint, sonnt sich Kiruna im Juni und Juli 50 Tage und Nächte. Die Polarnacht dauert hingegen vom 12. bis 31. Dezember. Den Erzabbau kann man in Kiruna hautnah erleben: Weil die Erzlager direkt unter der Stadt liegen, muss sie sukzessive umziehen: Bis 2040 entsteht fünf Kilometer entfernt das neue Kiruna. Die schöne, nach Tradition der Samen aus Birkenstämmen erbaute Kirche, wird zerlegt und am neuen Ort wieder aufgebaut. Die Erzminen haben Kiruna aber eine neue Touristenattraktion beschert: Einige Stollen können mit einem Führer besich-

tigt werden – wenn man Schwedisch oder Englisch spricht, um im Notfall unter Tage die Führer zu verstehen. Englisch ist auch die Hauptsprache auf dem Raketen-Startplatz Esrange, wo jetzt Forscher ihre Sonden in den Himmel schießen.

»Abisko Turiststation« ist wie die meisten der Orte an den Erzbahngleisen ein Wintersportzentrum. Hier endet auch der Kungsleden, der Königspfad, Schwedens bekanntester Fernwanderweg. Sein nördlicher Teil beginnt bei Hemavan im Süden und endet nach 440 Kilometern in Abisko. Dort werden die Wanderer oft mit prächtigen Polarlichtern am Nachthimmel belohnt. Abisko soll der beste Ort für Nordlichterlebnisse in Schweden sein, vor allem im Februar und März. Die Grenze zu Norwegen ist nahe, das erklärt den Ortsnamen Riksgränsen (Reichsgrenze), den die Schweden als ihr nördlichstes Skigebiet kennen. Dort warten 21 Kilometer Pisten. Und das in einem Ort, der um 1910 wegen zu viel Schnee evakuiert werden musste. Heute leben etwa 50 Menschen ganzjährig in Riksgränsen. Hinter der Grenze geht es hinab nach Narvik, der norwegische Teil der Strecke wird Ofotbanen genannt. Auf 43 Kilometer müssen die Züge einen Höhenunterschied von gut 500 Metern ausgleichen.

↑ Mit dem Arctic Train werden tolle Fotomotive passiert.
↙ Der Hafen von Narvik ist wichtig für die Verschiffung des Eisenerzes aus Kiruna.

Info

Der Arctic Train ist ein Touristenzug, der ganzjährig von Narvik bis Bjørnfjell (Norwegen) oder noch weiter über die schwedische Grenze bis nach Abisko rollt. Bei der Fahrt vom Fjord ins Hochgebirge hält der Zug mehrfach an, damit man Fotos machen kann. Mit der Gratis-App Voice of Norway lässt sich ein Audioguide zu den Orten der Tour in Englisch herunterladen. Tickets für den Arctic Train sind am Bahnhof Narvik und an Bord erhältlich.

Die Staatsbahnen Norwegens (VY) und Schwedens (SJ) betreiben Nachtzüge mit Liege- und Schlafwagen zwischen Narvik und Stockholm. Die Züge nutzen die Trasse der Erzbahn bis Boden und ab dort das Gleisnetz der SJ. Die Fahrtzeit beträgt 18,5 Stunden.

www.vy.no
www.sj.se
www.norwaysbest.com

DEOGLORIA
DEOGLORIA

Traditionelle rote Holzhäuschen umgeben den 1893 geweihten neugotischen Dom zu Luleå. Von der Stadt sind es noch gute 100 Kilometer zum arktischen Polarkreis.

23 Von Luzern nach Montreux

Mit der Golden-Pass-Line durch die Zentralschweiz

Die Golden-Pass-Line ermöglicht es uns, die Schönheit der Landschaft des Alpenlandes auf einer Reise zu erleben. Dabei entdecken wir zwei verschiedene Schweizer Welten und viele wunderschöne Regionen.

Es erwartet uns eine faszinierende Reise – wer will, auch ohne umsteigen. Dabei überqueren wir am Fuße der berühmten 4000er der Alpen drei Pässe, fahren an acht Seen vorbei und entdecken nebenbei einige der schönsten Landschaften der Schweiz. Allerdings ist es ratsam, die Reise in drei separate Abschnitte aufzuteilen, um so viel als möglich zu erleben: von Luzern nach Interlaken, von Interlaken nach Zweisimmen und von Zweisimmen nach Montreux.

Tipp

LEBENSRAUM MOOR

Mit dem Postauto (so heißen in der Schweiz die Busse) des Panorama-Routen-Express, der dreimal am Tag zwischen Schüpfheim und Giswil pendelt, erreichen wir das UNESCO-Biosphärenreservat Entlebuch. Dort entdecken wir die größten Moorlandschaften der Schweiz mit einer wichtigen Tier- und Pflanzenwelt.

Gemütlich und entspannt

Start unserer Reise ist Luzern. Ein Besuch der sehr gemütlichen und überschaubaren Stadt ist ein Muss. Unser erster Halt ist dann Hergiswil am Fuße des Pilatus. Interessant ist hier die älteste Glashütte der Schweiz, das »Glasi«, deren Glasarbeiten fast ausschließlich in Handarbeit hergestellt werden. Zur Hütte gehören zudem ein Museum, das erste Glaslabyrinth der Schweiz, ein Wasserpark und eine Murmelbahn.

Weißes Buch von Sarnen

Von Hergiswil geht's weiter nach Alpnach, den Ausgangspunkt der steilsten Zahnradbahn der Welt. Die Pilatusbahn überwindet auf ihrem Weg hinauf zum Pilatus eine Höhendifferenz von 1635 Metern mit maximaler Steigung von 48 Prozent. Sehenswert im Ort am Ufer des

→ Die Jesuitenkirche in Luzern hat einen tollen Platz am Ufer der Reuss.

Alpnacher Sees ist die Pfarrkirche St. Maria Magdalena aus dem 18. Jahrhundert mit ihrem spitzen 91 Meter hohen Kirchturm. Unser nächster Halt ist Sarnen. Dort wird das »Weiße Buch von Sarnen« aus dem Jahr 1468 aufbewahrt. Es beschreibt die (älteste) Gründungsgeschichte der Eidgenossenschaft. Das wertvolle Buch finden wir im historischen Hexenturm, einem der wenigen erhaltenen Burgtürme aus der Zeit der Gründung.

Dann fährt unser Zug vorbei am Wichelsee entlang des Sarner Sees nach Giswil, wo wir sehr alte und gut erhaltene mittelalterliche Holzhäuser entdecken. Das Schrotenmatt, das älteste dieser Häuser, stammt aus dem Jahr 1467. Bemerkenswert ist auch die Schlägersäge aus dem 19. Jahrhundert, die wiederaufgebaut und die älteste betriebsbereite Säge dieser Art in der Schweiz ist.

Tipp

FÜR SCHWINDELFREIE

Unweit von Meiringen befindet sich die sensationelle Triftbrücke, eine der spektakulärsten Fußgängerhängeseilbrücken der Alpen. Diese erreichen wir per Postauto und Gondelbahn.

Bestechendes Bergpanorama

Weiter geht's vorbei an Kaiserstuhl-Bürglen am Lungernsee. Diese Strecke – zum Brünigpass und hinab nach Meiringen – gehört zu den steilsten Abschnitten der Reise, bei der ein Zahnantrieb zugeschaltet werden muss. Dann halten wir in Lungern, das mit 750 Metern das höchste Dorf im Sarneraatal ist. Der Ort besticht mit seinem wunderschönen Bergpanorama. Danach erreichen wir den höchsten Punkt der Strecke, Brünig-Hasliberg auf 1008 Meter Höhe, ehe es nach Meiringen im Haslital geht. Übrigens haben wir während der Fahrt in der Nähe der Bergstation eine wunderbare Panoramasicht auf den 120 Meter hohen Wasserfall und das gesamte Haslital. Wunderschön ist außerdem die vom Gletscherwasser der Aare gegrabene Aareschlucht. Der Zug verlässt Meiringen und fährt weiter durch das wunderschöne Berner Oberland Richtung Brienz. Der Bahnhof von Brienz liegt in 566 Meter Höhe, direkt am Ufer des Brienzer Sees. Von hier machen wir eine Fahrt in der Dampfzahnradbahn zum Rothorn oder auf einem der Dampfschiffe auf dem See. Dann fährt unser Zug durch den Brienzdorf-Tunnel nach Interlaken.

Tipp

DIE KRAFT DES WASSERS

In der Aareschlucht führt uns ein gesicherter Steg knapp über das Wasser und erlaubt uns inmitten steil aufragender Felswände Blicke direkt ins Herz der Schlucht. Nicht weniger bemerkenswert sind die Reichenbachfälle, zu denen eine nostalgische Standseilbahn fährt.

↑ Blick von der Aare auf Unterseen im Berner Oberland.
↙ Im Hochsommer ist es erfrischend kühl in der Aareschlucht.

Interlaken – »zwischen den Seen«

Interlaken befindet sich in idyllischer Lage zwischen dem Thuner- und dem Brienzersee, zu Füßen des imposanten Dreigestirns Eiger, Mönch und Jungfrau. So erhielt der Ort auch seinen Namen: Interlaken bedeutet »zwischen den Seen«. Hier ist der perfekte Ausgangspunkt für die Jungfrau Ski Region, aber auch viele andere Ausflüge. Einen beeindruckenden Panoramablick auf den Ort und die ganze Jungfrauregion haben wir vom Harder Klum, Interlakens Hausberg. Sehenswert sind auch die Tropfsteinhöhlen St. Beatus am Thunersee, und wer die Alpen gefahrenlos von oben

sehen möchte, macht das in der Jungfrau-Aletsch-Miniatur-Arena. Am Bahnhof Interlaken-Ost endet der erste Teil unserer Fahrt.

Höchste Rebberge

Im zweiten Teil der Reise fahren wir entlang der Aare auf der anderen Seite von Interlaken. Dabei ist unsere erste Station Leissingen am Thunersee. Das kleine Dorf besticht besonders mit seinen spektakulären Sonnenuntergängen. Dann erreichen wir das malerische Städtchen Spiez am Thunersee mit seinem Spiez-Schloss. Hier sehen wir zudem den pyramidenförmigen Berg Niesen. Wer Lust auf Bewegung hat, der wandert auf dem Erlebnispfad Weingut Spiez oder macht einen Spaziergang zum Faulensee. Übrigens befinden sich in Spiez auf dem Schlosshügel die höchstgelegenen Rebberge nördlich der Alpen.

Der nächste Halt auf unserer Strecke ist Wimmis, das am Zusammenfluss von Simme und Kander nördlich des Niesen liegt. Zu den Sehenswürdigkeiten hier zählen die Burg und die romanische Kirche aus dem 9. Jahrhundert. Danach folgt der Bahnhof Oey-Diemtigen, von wo wir mit dem Bus in das idyllische Diemtigtal, das größte Seitental des Simmentals, fahren. Das Tal ist ein Naturpark und bietet eine vielfältige Landschaft und schmucke alte Häuser. Der nächste Ort auf unserer Reise ist Erlenbach i.S., das am Fuße des Stockhorns liegt, dessen 2190 Meter hohen Gipfel wir per Seilbahn in etwa 20 Minuten erreichen. Hier oben haben wir ein wunderbares Panorama über Aaretal, Thunersee, die Voralpen, das Emmental und mehr als 200 Jura- und Alpengipfel. Als Nächstes hält unser Zug in Boltingen, einem Ausgangsort für Rafting-Ausflüge auf der Simme. Außerdem kann man ab hier in die einzigartige Moorlandschaft am Jaunpass, dem Übergang vom Simmental ins Greyerzerland, wandern. Nach Boltingen halten wir in Weissenbach und kurz danach in Zweisimmen. Seinen Namen hat der Ort von der Kleinen und der Großen Simme, die durch die Gemeinde fließen, zudem ist er bekannt als das Tor zur berühmten Gstaad-Saanenland-Region.

Letztes Paradies

Nach Zweisimmen fährt unser Zug kurvenreich hinauf zum Saanenmöserpass, vorbei an der Skiarena »Mountain Rides« nach Schönried, am Fuß von Horneggli und Rellerli, bis nach Gstaad. Das letzte Paradies in einer verrückten Welt – wie es ein Schauspieler betitelte – hat sich trotz seiner Berühmtheit seinen alpinen Charakter bewahrt. Von Gstaad aus erreichen wir die Talstation in Col du Pillon mit dem Bus. Eine Fahrt mit der Gondel vom Col du Pillon auf den Scex Rouge ist ein wunderbares Erlebnis für

> »In der Schweiz ist übrigens alles schöner und besser.«
>
> *Adolf Muschg*

Auge und Seele. Ein einzigartiges Erlebnis ist auch der Glacier Walk, eine Wanderung über den Gletscher, der von Scex Rouge bis zur Quille du Diable führt. Nach Gstaad fahren wir weiter nach Saanen, den historischen Kern des Saanentals. Das Dorf gilt als eines der schönsten Chaletdörfer im Berner Oberland. Seine Mauritiuskirche wurde erstmals im Jahr 1229 urkundlich erwähnt. In der Kirche entdecken wir wertvolle Wandmalereien aus dem 15. Jahrhundert, die Szenen aus dem Alten Testament darstellen. Zwischen Saanen und dem nächsten Halt

↖ Der Thunersee ist ein Fjordsee mit einer maximalen Tiefe von 217 Metern.
→ Die Golden-Pass-Line verbindet die Zentralschweiz mit dem Genfersee.

Rougemont überqueren wir die Grenze zwischen den Kantonen Bern und Waadt und damit die Sprachgrenze zwischen Schweizerdeutsch und Französisch. Das Dorf ist geprägt von meisterlich gebauten Chalets mit viel Blumenschmuck und kunstvoll auf den Fassaden angebrachten Leitsprüchen.

Ballonfahrer aufgepasst

Nach Rougemont erreichen wir Château d'Oex, das Mekka für Ballonfahrer. Jedes Jahr im Januar versammeln sie sich hier aus der ganzen Welt, um ihre Kunst zu zeigen. Südlich des Dorfes entdecken wir die älteste Hängebrücke der Westschweiz, den Pont-Turrian, der seit 1883 die Saane überspannt. Ebenfalls Richtung Süden erreichen wir das größte Naturreservat der westlichen Schweiz, das Pro-Natura-Reservat La Pierreuse. Dann fahren wir weiter vorbei an Rossinière, einem kleinen Dorf mit bemerkenswerten Holzhäusern, die wir auf einem 2-stündigen Themenweg erkunden können, nach La Tine, weiter bergauf vorbei an Allières nach Les Cases auf 1111 Meter Höhe. Die Steigung, die unser Zug in diesem Abschnitt zu bewältigen hat, beträgt etwa 7,3 Prozent. Damit gehört die Strecke zu den steilsten Schmalspurstrecken der Schweiz.

Perle der Riviera

Zwischen Les Cases und Les Avants durchqueren wir im 2424 Meter langen einspurigen Jamantunnel den gleichnamigen Alpenpass Col de Jaman. Hier verläuft die Wasserscheide zwischen Rhein und Rhône und der Tunnel markiert die Grenze zwischen den Kantonen Waadt und Freiburg. Vom Col de Jaman haben wir einen wunderschönen Ausblick auf den Genfersee. Am anderen Ende des Tunnels hält unser Zug im charmanten Dorf Les Avants, einem der ersten Skidörfer der Schweiz, bevor es bergab Richtung Montreux geht. Zu den bekanntesten Bauwerken auf unserer Strecke zählt das 78 Meter lange und 45 Meter hohe Viadukt über die Schlucht der Baye de Clarens. Nach einem Halt in

↗ Schloss Chillon ist eine Wasserburg aus dem Mittelalter am Genfersee.
← Was für ein Anblick: Ballonfestival in Château-d'Oex.

Collège geht es durch den 184 Meter langen Montreux-Wendetunnel nach Montreux. Der Bahnhof der »Perle der Riviera« ist ein stattliches Empfangsgebäude in einer steilen Hanglage oberhalb des Seeufers. Über Treppen und Lifte gelangen wir direkt auf die Grande Rue, die Hauptstraße von Montreux.

Info

Die gesamte Fahrt von Luzern nach Montreux (oder umgekehrt) dauert knapp 5,5 Stunden.
Da die Golden-Pass-Strecke von verschiedenen Bahngesellschaften befahren wird, gibt es unterschiedliche Zugtypen: Die Züge des Luzern-Interlaken-Express zwischen Luzern und Interlaken sind modern, klimatisiert und haben große Fenster. Auch Catering ist möglich. Für die Fahrt von Zweisimmen nach Montreux haben wir die Wahl zwischen dem GoldenPass Panoramic mit riesigen Panoramafenstern oder dem GoldenPass Belle Epoque mit luxuriösem und historischem Ambiente. In den Panoramazügen gibt es einige VIP-Sitze in der ersten Klasse. Begrenzte Verpflegung ist verfügbar. Fahrten für die Golden-Pass-Line buchen wir direkt an den Bahnhöfen oder auf der Website der SBB. Jede Golden-Pass-Zugstrecke kostet ca. 30 CHF. Die Preise variieren je nach gewählter Dienstleistung und Jahreszeit.

sbb.ch

24 Küstentram Belgien – 68 Stationen auf 67 Kilometern

Immer am Meer entlang

Die »längste Straßenbahn der Welt« fährt entlang der gesamten belgischen Nordseeküste und verbindet alle Seebäder. Touristen lieben die bequeme Tram. Damit im Sommer das Gedränge nicht zu arg wird, fahren die Bahnen dann im 10-Minuten-Takt.

Im Juli 1885 begann es mit einer Dampfstraßenbahn auf einer Teilstrecke der heutigen Küstentram (Kusttram), dem Abschnitt zwischen Ostende und Nieuwpoort. Ziel war es, den belgischen Badeorten Urlauber zuzuführen. Doch die Zeit der urbanen Dampfbahnen neigte sich schon ihrem Ende zu. Bereits 1897 begann die Elektrifizierung der 67 Kilometer langen Strecke. Es blieb aber bei der Spurweite von einem Meter. Die Trasse, die unweit der niederländischen Grenze beginnt und nahe der französischen Grenze endet, ist durchgängig zweigleisig.
Die Waggons werden in Depots in Ostende und Knokke gewartet. Das täglich eingesetzte Rollmaterial muss regelmäßig gepflegt werden, denn die Küstentram ist durch die feuchte Salzluft und den wie Schleifmittel wirkenden Dünensand besonders stark beansprucht.

← Leider nicht für die Ewigkeit gebaut: Die aufwendige Sandskulptur wurde anlässlich des Festivals in Blankenberg angefertigt.

Öffentlicher Nahverkehr mit Meerblick

Die Bahnen fahren zwar mit wenigen Ausnahmen parallel zum Ufer, aber oft durch städtisches Gebiet oder durch die Dünen. Nur zwischen Ostende und Middelkerke rollen Waggons unmittelbar an der Küste entlang. Meist sind die Gleise fast wie mit dem Lineal verlegt, aber an einigen Stellen müssen die Bahnen für einen kurzen Schlenker ins Inland von der Geraden abweichen oder ein wenig Walzer fahren, etwa an Flussmündungen oder in den Dünen. Eine Fahrt von einem zum anderen Ende der Linie dauert etwa zweieinhalb Stunden.
Die zehn Seebäder Belgiens sind wie eine Perlenkette auf der Küstentram-Linie aufgereiht. Als wichtigste Adressen gel-

ten Knokke-Heist, Zeebrügge, Blankenberge, De Haan, Ostende und De Panne. Knokke-Heist liegt nahe der Grenze der Niederlande und gilt mit seinen vielen Bars und Restaurants als Ferienort der Schönen und Reichen, obwohl die Promenade entlang des zwölf Kilometer langen Sandstrands teilweise dicht bebaut ist mit Apartmenthäusern, die ein wenig wie eine Chinesische Mauer wirken. Zeebrügge ist nicht nur ein beliebter Badeort, sondern auch der (nach Antwerpen) zweitgrößte Handelshafen des Landes – einschließlich mächtiger Transportschiffe für neue Autos einer Fischereiflotte und einer Fischauktionshalle. Wegen der Nähe zum spektakulären Brügge machen in Zeebrügge auch viele Kreuzfahrtschiffe fest. Auch die Fähren nach England legen hier ab. 1987 kenterte das Fährschiff »Herald of Free Enterprise« beim Auslaufen in Zeebrügge, dabei kamen 193 Menschen ums Leben. Die Hauptattraktion des Familienbades Blankenberge ist seine in die Nordsee ragende Seebrücke, die einzige im Land. Den Belgien Pier können Besucher über eine 350 Meter lange Promenade über dem Wasser erreichen. Der markante Rundbau birgt zwei Restaurants, ein Kino und eine Ausstellungsfläche, auf der zum Beispiel über Seebrücken in aller Welt oder maritime Naturkatastrophen informiert wird. In den Sommermonaten ist der Strand Austragungsort eines sehr populären Festivals für Sandskulpturen, wobei stets erstaunliche Kreationen entstehen.

Tipp

PIRAT DES KÖNIGS

Nahe bei De Panne liegt die Grenze Frankreichs und dahinter die Großstadt Dunkerque, als Shoppingziel beliebt. Im Zentrum von Dünkirchen ragt ein Denkmal für den prominentesten Bürger auf: Jean Bart (1650–1702). Der gefürchtete, später geadelte Korsar im Dienst des französischen Königs konnte aus englischer Gefangenschaft in Plymouth fliehen, indem er in einem kleinen Boot nach Saint-Malo ruderte.

Ein Badeort nicht wie alle anderen

De Haan wurde 1887 auf Wunsch von König Leopold II. in den Dünen errichtet. Die kleine Stadt sollte, so die Anordnung des Monarchen, im anglo-normannischen Baustil errichtet werden. Spuren

↗ Bei Ebbe wie bei Flut fährt die Küstentram unmittelbar am Wasser entlang.
← Strandfreuden an der Promenade in Ostende.

dieses Edikts sind bis heute erhalten. Das unterscheidet De Haan von den anderen Badeorten, ebenso wie das begrünte, gartenreiche Ortsbild. Albert Einstein lebte während seiner Flucht vor den Nazis ein halbes Jahr in De Haan. Ein kleineres Depot für historische Wagen wurde in De Haan eingerichtet, die Oldtimer rollen bisweilen zu besonderen Anlässen aus ihrer Halle.

Ostende ist mit Abstand die größte Stadt an dieser Küste. Sie war seit dem 17. Jahrhundert in allen Kriegen ein wichtiger und umkämpfter Hafen. In jüngerer, friedlicherer Zeit entwickelte sich Ostende zu einem führenden Fährhafen im England-Verkehr – bis 1993 der Eurotunnel unter dem Ärmelkanal eröffnet wurde und eine Autobahn aus Belgien nach Calais die Verkehrsströme veränderte.

Schließlich De Panne, der westlichste Punkt und das südlichste Seebad Belgiens. Dort endet die Küstenbahn an einem Bahnsteig, den sie sich mit der Eisenbahn teilt. So sind Brüssel und alle wichtigen Städte Belgiens nach kurzer Zeit erreichbar.

Info

Fahrräder dürfen in der Küstentram mitgenommen werden, allerdings nur mit einem speziellen Ticket (Biljet Fiets) und maximal zwei pro Waggon an den hinteren Türen. In Nieuwpoort kam es zur Wende zum 17. Jahrhundert zu Hexenprozessen, 15 Frauen und zwei Männer fielen ihnen zum Opfer. Alle drei Jahre veranstaltet die Stadt einen Hexenzug nebst »Verbrennung« einer Hexenpuppe.

www.dekusttram.be/de/

25 Die Metropolen der Polen

Pendolino, das klingt doch gemütlich

Fast 20 000 Kilometer lang ist das Eisenbahnnetz unseres östlichen Nachbarn. Aber im Fernverkehr sind die gut 600 Kilometer von Nord nach Süd via Warschau besonders wichtig. Hier sind auch die schnellsten Züge unterwegs, allen voran der Pendolino.

Polens Stolz auf Schienen ist der Pendolino, ein eleganter blau-weißer Hochgeschwindigkeits-Triebwagenzug, der hauptsächlich auf der wichtigsten Magistrale zwischen Danzig (Gdansk) im Norden, Warschau (Warszawa) in der Landesmitte und Krakau (Kraków) im Süden verkehrt. Die Hauptstadt Warschau ist der Dreh- und Angelpunkt nicht nur für diese, sondern auch für andere Bahnstrecken in Polen.

Technik vom Feinsten

Mit 200 Stundenkilometern jagen die Pendolinos zwischen den drei Metropolen hin und her. Pendolinos? Gewiss, jeder nennt sie so in Polen – aber eigentlich sind diese modernen Züge gar keine Pendolinos. Die Technik, die sich hinter diesem Namen verbirgt, ist in den polnischen Zügen gar nicht eingebaut: eine Neigetechnik, mit der die Züge wie ein Motorrad geneigt durch die Kurven der Trasse sausen. Die polnischen Bahnexperten sagten damals, in ihrem Land sei diese Technik nicht notwendig. Ansonsten sind die 20 Garnituren mit sieben Wagen jedoch original Pendolinos, gebaut vom französischen Bahntechnikriesen Alstom in Italien. Die Rechnung belief sich auf 665 Millionen Euro (die Wartung eingeschlossen). Mehr als die Hälfte wurde von der Europäischen Investment Bank finanziert. Ende 2014 gingen die ersten Züge auf die Strecke. Sie sind ein komfortables Instrument für einen Städtetourismus mit knappem Zeitbudget, denn die Fahrzeiten von Warschau nach Danzig (325 Kilometer) liegen zwischen 2:45 und 3:26 Stunden. Für Fahrten zwischen Warschau und Krakau (292 Kilometer) gibt die polnische Staatsbahn PKP zwischen 2:15 und 2:35 Stunden an. Die Züge könnten noch schneller sein, bei Tests waren sie knapp 300 km/h schnell. Angestrebt ist ein

→ Im Danziger Viertel Rechtstadt dominieren historische Fassaden mit Giebelwänden das Stadtbild.

Tipp

BADEKUR MIT SPIELKASINO

Viele Danzigbesucher machen auch einen Abstecher ins nahe Zoppot (polnisch: Sopot), ein traditionsreiches und – nach Aufnahme des Kurbetriebs 1823 – auch mondänes Seebad am Ostseestrand. Die über 500 Meter ins Meer reichende hölzerne Seebrücke (Molo) entwickelte sich schnell zur beliebten Flanierzone. Erste Adresse ist bis heute das von Sofitel betriebene Grand Hotel Sopot (1927), das als Kasino-Hotel entstand.

Reisetempo von 250 km/h – wenn die entsprechende Sicherheitstechnik landesweit eingebaut ist.

Urbanes Dreierlei

Die drei Metropolen, die der Pendolino verbindet, geben nicht nur einen guten Eindruck vom urbanen, modernen Polen, sondern auch von seiner reichen und wechselvollen Geschichte. Danzig an der Ostsee (475 000 Einwohner) ist der wichtigste Seehafen Polens und hat naturgemäß einen ausgeprägt maritimen Charakter. Das symbolisiert auch das Wahrzeichen, das mächtige Krantor. Es mangelt, typisch für einen großen Handelsplatz, nicht an historischen Torhäusern, das wird bei einem Bummel über die schöne mittelalterliche Langgasse offensichtlich, ein Teil des alten Königswegs. Viel originale Bausubstanz ist hier zwar nicht mehr zu bewundern, der alte Stadtkern wurde im Zweiten Weltkrieg zu 80 Prozent zerstört. Aber alles wurde originalgetreu wiedererrichtet, dank der in ganz Europa gefragten exzellenten polnischen Handwerker. Kein Wunder, dass der »Buddenbrooks«-Film von 1979 zu großen Teilen in und bei der Frauengasse gedreht wurde und nicht in Lübeck, wo Thomas Manns Roman spielt. Das eindrucksvollste Gebäude des alten Danzigs, die mächtige Marienkirche, eine der größten Backsteinkathedralen der Welt, wurde 1945 stark beschädigt, den Restaurateuren gebührt viel Lob für ihre kunstvolle Arbeit.

Die Hauptstadt Warschau wurde im Zweiten Weltkrieg ebenfalls großflächig zerstört, auch hier schufen die polnischen Handwerker beim Nachbau architektonischer Juwelen ihre Meisterwerke. Die heutige Altstadt wurde 1980 in die Liste des Weltkulturerbes aufgenommen. Das Königsschloss mit dem teilweise original erhaltenen Thronsaal und einer Reihe von Gemälden, auch von Rembrandt, ist Teil dieses Ensembles. Wie Danzig hat auch Warschau einen mit Prachtbauten gesäumten Königsweg. Generell ist Warschau reich an Palais und Palästen, neben dem einstigen Sitz der Könige ist das Präsidentenpalais, der Amtssitz des polnischen Staatspräsidenten, besonders prominent. Der Palast der Kultur und der Wissenschaften von 1955 ist hingegen mit 237 Metern Höhe eher der modernen Skyline der Hauptstadt zuzurechnen – er ist gewissermaßen der Ahnherr aller hiesigen Wolkenkratzer: Stalin hatte angeordnet, den Komplex im Stil des Sowjetischen Klassizismus zu errichten. »Zuckerbäckerstil« ist eine weniger offizielle Bezeichnung für derlei Türme im einstigen roten Reich. Die Aussichtsterrasse im 30. Stock des zent-

»Zuckerbäckerstil für Türme im einstigen Roten Reich.«

↖ Wunderschöne homogene Renaissancebaukunst präsentiert der Innenhof des Wawel in Krakau.
→ Am Schlossplatz in Warschau erhebt sich die Sigismundssäule.

Tipp

TIEF HINAB INS SALZ

Eine viel besuchte Attraktion bei Krakau ist das seit dem 13. Jahrhundert betriebene Salzbergwerk Wieliczka. Heute dient es vornehmlich medizinischen und touristischen Zwecken. Die Rundgänge auf der Touristenroute führen bis 135 Meter tief. Beeindruckend ist die St.-Kinga-Kapelle in 101 Meter Tiefe, in der auch Konzerte stattfinden. Auf der 3,5 Kilometer langen Tour sind rund 800 Stufen zu bewältigen.

ral gelegenen Turms, in 114 Metern Höhe, bietet einen guten Blick über die 1,9-Millionen-Kapitale. Der Ausguck ist heute gleichermaßen beliebt bei Einheimischen und Gästen.

Weit im Süden des Landes liegt Krakau, die mit rund 780 000 Bewohnern zweitgrößte Stadt Polens. Sie ist seit den Überfällen der Mongolen im13. Jahrhundert glücklicherweise ohne große Schäden durch die sehr wechselvolle Geschichte gekommen. Selbst die Nazi-Besatzer hatten 1945 vor der hektischen Flucht keine Zeit mehr, Krakau wie geplant zu zerstören. So kann die einstige Hauptstadt (bis 1596) mit vielen baulichen Schätzen um

Besucher werben. Unübersehbares Zeugnis einstiger Größe ist der Wawel, eine 228 Meter hohe Erhebung an der Weichsel, auf der die Burg, von 1040 bis 1795 die Residenz der polnischen Monarchen, und die Kathedrale über der Altstadt wachen. Als besonders sehenswert gilt die Sigismunds-Kapelle an der Kathedrale, eines der Werke des Italieners Bartolomeo Berrecci, der als Künstler berühmt und auch wirtschaftlich erfolgreich war. Ein anderer neidischer italienischer Künstler erstach ihn 1534 auf dem Marktplatz. Der Wawel und die Altstadt wurden 1978 auch Teil des Welterbes. Im selben Jahr wurde der – in der Nähe geborene – Kardinal von Krakau, Karol Wojtyla, als Johannes Paul II. zum Papst gewählt.

Wie die drei Städte, so bilden auch die drei Hauptbahnhöfe ein Mosaik Polens. Krakaus schmuckes altes Bahngebäude dient heute als historisches Museum, nachdem die Gleise und die Empfangshalle unter ein Einkaufszentrum verlegt wurden. Moderne Architektur, etwa ein mächtiges Vordach, charakterisiert Warschaus Hauptbahnhof. Eine traditionelle Bahnhofsarchitektur mit einem hohen Turm ist das Kennzeichen des 1900 eröffneten Hauptbahnhofs von Danzig – und von Colmar im französischen Elsass. Beide Stationen sind »Zwillinge«.

↑ Charakteristisch für die Krakauer Marienkirche sind ihre unterschiedlichen Türme.
↙ Von der Weichsel aus kann man die Burganlage Wawel ausgiebig betrachten.

Info

Drei verschiedene Sitzkategorien bietet die Staatsbahn in ihren Fernzügen (InterCity) an: die Economy-Klasse, die 1. Klasse und die Business Class, in der Kaffee, Tee und Wasser im Preis inbegriffen sind. In den zuschlagpflichtigen Hochgeschwindigkeitszügen des Express InterCity Premium, darunter auch die Pendolinos, kann man nur mit Reservierung reisen. Die Züge haben Internet und einen Bistrowagen. Bei Testfahrten erreichte der Pendolino zwischen Warschau und Krakau 293 km/h – der noch heute gültige Rekord für Polen. Wi-Fi für den Internetzugang bieten alle größeren und viele kleine polnische Bahnhöfe an entsprechend markierten Orten in der Station.

www.visitgdansk.com/de
warsawtour.pl/de
www.krakow.pl
rozklad-pkp.pl/en
www.intercity.pl/en

Gut zu wissen ?

Schöne Bahnstrecken in Deutschland

An Seen, Flüssen und Bergen entlang

Entspannt zurücklehnen, aus dem Fenster schauen und dabei eine schöne Tasse Tee oder Kaffee trinken und die einzigartigen Landschaften bewundern! Hier einige der schönsten und noch nicht genannten Bahnstrecken in Deutschland:

Koblenz – Trier: Die traditionsreiche Moselstrecke zwischen Koblenz und Trier verspricht großartige Ausblicke auf den Nebenfluss des Rheins. Entlang der Mosel windet sich die Strecke kurvenreich durch eine wunderschöne Landschaft und fährt bisweilen an steilen, unmittelbar an die Bahn heranreichenden Berghängen entlang.

Radolfzell – Lindau: Auf der einen Seite liegt der wunderschöne Bodensee, auf der anderen erstrecken sich malerische Orte und Wildblumenwiesen. Die Fahrt mit der Bodenseegürtelbahn zwischen Radolfzell und Lindau ist ein wahrer Augenschmaus. In unmittelbarer Nähe zum Wasser führt die Bahntrasse 74 Kilometer an der Nordseite des Sees entlang.

Die Brockenbahn: Bei einer Fahrt mit der Brockenbahn entdecken wir nicht nur den höchsten Gipfel des Mittelgebirges Harz, sondern auch das überwältigende Panorama des Nationalparks mit einem Ausblick ins Vorland. Die Brockenbahn fährt ohne Zahnräder oder ähnliche Hilfsmittel mit rund 700 PS. Mit einer Höhe von 1125 Metern ist der Brockenbahnhof der höchstgelegene Bahnhof aller deutschen Adhäsions-Schmalspurbahnen.

Von München nach Innsbruck: Während unserer Fahrt mit der Werdenfelsbahn von München nach Innsbruck über Mittenwald haben wir unzählige schöne Ausblicke. Schon kurz nach München begeistern der Starnberger See und die einzigartige Moorlandschaft rund um Murnau. Kurz darauf folgt Garmisch-Partenkirchen im Talkessel zwischen der Alp- und der Zugspitze. Weiter geht's entlang der Skisprungschanzen bis hoch nach Klais, zum höchstgelegenen IC-Bahnhof Deutschlands auf 933 Metern Höhe. Anschließend führt uns die Strecke weiter nach Mittenwald, zum zweithöchsten IC-Bahnhof mit 914 Metern Höhe. Danach geht es nach Tirol. Bei Seefeld erreicht die Strecke dann den Scheitelpunkt, von wo aus die langsame Abfahrt ins Inntal beginnt. Die Fahrt führt durch zahlreiche Tunnel an steilen Hängen entlang hinunter bis auf 580 Meter und weiter nach Innsbruck.

↖ Die Dampflok der Brockenbahn ist on tour!
→ Von und nach Mittenwald bestehen gute Zugverbindungen.

An den Felsen bei San Sebastián brandet die schäumende Gischt an. Die Stadt im Baskenland liegt an der Bucht »La Concha« (die Muschel), die wegen ihrer Form so genannt wurde.

Bloß keine Eile …
… verweilen

26 Von Zermatt nach St. Moritz

Ein Zug zum Verlieben

Der Glacier Express fährt uns bis zu dreimal täglich in knapp acht Stunden von Zermatt im Kanton Wallis über Visp, Brig, Andermatt, Disentis und Chur quer durch die Schweizer Alpen zum mondänen Kurort St. Moritz in Graubünden.

Der Schweizer Schmalspurzug Glacier Express, der mitunter auch liebevoll »der langsamste Schnellzug der Welt« genannt wird, passiert bei unserem einzigartigen alpinen Abenteuer auf 291 Kilometern 291 Brücken und 91 Tunnel. Unsere Reise beginnt in Zermatt auf 1604 Metern über dem Meeresspiegel und bietet uns eine spektakuläre Landschaft mit einzigartigen Gipfeln entlang unseres Weges.
Das Walliser Bergdorf Zermatt mit seinen typischen Häusern im Chaletstil und dem weltberühmten Matterhorn ist wunderschön. Von der Kirchbrücke und der Kirche St. Mauritius haben wir einen Postkartenblick auf das Wahrzeichen des Ortes. Zu den bemerkenswertesten Bergen in der Umgebung zählen der Monte Rosa mit 4634 Metern und der Dom mit 4545 Metern.

← Einfach unverkennbar erhebt sich das Matterhorn hoch über den kleinen Ort Zermatt im Kanton Wallis.

Die Wiege der Matterhorn-Führer

Unser nächster Halt ist St. Niklaus oder auch Zaniglas auf Walliserdeutsch. Das typische Walliser Dorf liegt auf einer sonnigen Terrasse über dem Mattertal. Bergfreunde sollten unbedingt das Bergführer-Museum im historischen Meierturm besuchen, denn aus diesem Dorf stammen die ersten Matterhorn-Bergführer. Weiter geht's durch massive Fels-

Tipp

WANDERN MIT PANORAMA

Brig ist Ausgangspunkt für tolle Ausflüge und Wanderungen im UNESCO-Welterbegebiet Jungfrau-Aletsch. Toller Tipp für Sommer oder Herbst ist eine Wanderung ab der Riederalp durch den Aletschwald. Hier genießt man eine grandiose Aussicht auf den Aletschgletscher und die Alpen.

wände und Berge und viele Sehenswürdigkeiten nach Brig, einer historischen Stadt im Südwesten der Schweiz. Sie ist ein Knotenpunkt für Züge und Busse, die die besten Skigebiete im Wallis verbinden. Vor allem die Altstadt mit den Patrizierhäusern und dem Stockalper-Palast, der größte private Barockbau der Schweiz und Wohnung des »Königs von Simplon«, sind einen Besuch wert. Sehenswert sind zudem die Wallfahrts- und Kollegiumskirche, ein Beispiel für die Jesuitenarchitektur des 17. Jahrhunderts, und die Sebastianskapelle.
Dann fahren wir durch den langen und engen Furkatunnel. Er ist 15 Kilometer

»Mein Wandrer hinkt an seiner Glaubens-krücke / zum Teufels-stein, zur Teufelsbrücke.«

Aus Goethes »Faust«

lang und hat an seinem höchsten Punkt 1550 Meter Höhe, bevor wir Andermatt erreichen. Das Bergdorf liegt im Ursern-

tal, am Oberlauf der Reuss, umgeben von den Adula-Alpen. Es ist ein wunderschönes, authentisches Alpendorf, wo wir auch das größte Skigebiet der Zentralschweiz, die SkiArena Andermatt-Sedrun, finden. Hier sollten wir die Kirche St. Kolumban aus dem Jahr 1100, die Pfarrkirche St. Peter und Paul mit ihren Rokokostuckaturen und die Maria-Hilf-Kapelle, die 1735 zum Schutz vor Lawinen etwas oberhalb des Dorfes gebaut wurde, besuchen. Im Talmuseum und im Rathaus Urseren erfahren wir viel Wissenswertes über Geschichte und Brauchtum in der Region.

Unsagbare Kraft der Natur

Rund eine Stunde nach dem Verlassen von Andermatt passiert unser Zug den Oberalppass und wir erreichen Disentis, auf Deutsch Disentis oder rätoromanisch Mustér, eine Gemeinde im Bezirk Surselva im Nordwesten des Kantons Graubünden. Sie liegt auf der Höhe des Rheintals, wo sich die Bündner Oberalpenstrasse und der Tessiner Lukmanierpass treffen. Das Dorf beherbergt eines der ältesten Benediktinerklöster der Schweiz, das auf das Jahr 720 zurückgeht. Das sehenswerte Kloster Disentis ist eine barocke Anlage, in der wir die romanische Bibliothek, ein Klostermuseum, einen Bauernhof, ein Bistro und einen Pilgersaal besuchen können. Interessant sind auch die barocke Pfarrkirche S. Gions aus dem Jahr 1640 mit einem spätgotischen Flügelaltar – das früheste Werk der Strigelwerkstatt aus Memmingen – sowie die Kirche St. Placidus, der älteste Sakralbau in der Region.
Auf unserer Fahrt nach Chur durchquert unser berühmter Express dann die

↑ Aufwendig verziertes Haus im traditionellen Stil in Andermatt.
↙ Auch im Sommer ein hübsches Fleckchen: das Wintersportzentrum Brig.

Rheinschlucht. Diese atemberaubende und weitläufige Schlucht, die auch als »Swiss Grand Canyon« bekannt ist, entstand durch die unsagbare Kraft der vielen Kubikmeter Fels, die beim Flimser Bergsturz abbrachen. Während sich unser Zug durch diese bemerkenswerte Landschaft schlängelt, bietet sich uns ein Panoramablick auf die massiven Felsen

Tipp

WILDE WASSER

In Andermatt sollte man unbedingt die Schöllenenschlucht und die bekannte Teufelsbrücke über die Reuss besuchen. Sie ist eine der schönsten Schluchten der Schweiz!

der Rheinschlucht, die tiefen Schluchten und den gewundenen Flusslauf des Rheins. Die geologischen Kräfte, die diese Schlucht geformt haben, sind in dem zerklüfteten Gelände deutlich zu erkennen und zeigen die rohe Kraft der Natur. Auf halber Strecke machen wir dann Halt in Chur. Die älteste Stadt der Schweiz ist die Hauptstadt des Kantons Graubünden und wir entdecken eine schöne Altstadt, interessante Kirchen – wie die Kathedrale St. Mariä Himmelfahrt oder Heiligkreuzkirche – und Museen sowie ihren Hausberg Brambrüesch. Dann geht's weiter Richtung Reichenau-Tamins, wo sich die beiden Rheinquellen zum eigentlichen Rhein vereinen.

Meisterleistungen

Vor unserem nächsten Halt Tiefencastel liegt die Schin-Schlucht. Gleich danach überqueren wir das 85 Meter hohe Solisviadukt 863 Meter über dem Meeresspiegel, bevor wir ins Albulatal einfahren. Von hier aus bieten sich schöne Aussichten auf die Region Albula-Bernina.
Über die Albulastrecke geht's weiter nach Filisur und vor unseren Augen eröffnen sich weitere imposante Ausblicke. Mit den vielen Brücken, Kehr- und Kreistunnels ist die Albulalinie eine ingenieurtechnische Meisterleistung. Zwischen Tiefencastel und Filisur fährt der Zug zuerst über den Schmittentobelviadukt, bis er kurz vor Filisur den 65 Meter hohen, aus Kalkstein gemauerten Landwasserviadukt erreicht. Die 130 Meter lange Brücke, die mit einem 100-Meter-Radius in einen Tunnel in die gegenüberliegende Felswand mündet, ist das Wahrzeichen von Filisur. Das kleine Straßendorf besticht zudem mit seinen schönen Häusern im Engadiner Stil.
Nach Preda führt unsere Glacier-Reise durch das autofreie Bever Tal am Fuß des Crasta Mora, vorbei an dem Wintersport- und Luftkurort Samedan – mit den Kirchen St. Peter und Herz-Jesu sowie der Bibliothek Chesa Planta – und dem charmanten Dorf Celerina bis nach St. Moritz, dem glanzvollsten Ferienort der

↗ Spiegelglatte Wasseroberfläche am Palpuognasee in den Albulaalpen.
← Andermatt im Kanton Uri ist mit dem Glacier Express gut erreichbar.

Schweiz, unserer finalen Destination. Der mondäne Ort liegt oberhalb des St. Moritzersees und vielen anderen Alpenseen wie dem Stazer See, dem Champfèrer See und dem Silvaplanersee. Außerdem finden wir hier zahlreiche weitere schöne Bergdörfer wie Celerina/Schlarigna, Pontresina, Maloja oder Silvaplana.

Info

Die gesamte Fahrt über 291 Kilometer von Zermatt nach St. Moritz (oder umgekehrt) dauert 7,5 Stunden. Der Glacier Express fährt 2x täglich. Tickets ab 150 CHF p.P.
Tickets mit und ohne Sitzplatzreservierung frühestens zwei Monate im Voraus buchbar als 1. und 2. Klasse Panoramawagen sowie Excellence Class.

Um sich in das Infotainment einzuloggen, muss man sich mit dem Bord-WLAN verbinden. So erhält man über den Browser vom Handy Zugriff auf interessante Informationen über die Strecke. Personen ohne Handy stehen auch Kopfhörer zur Verfügung. Übrigens ist das kulinarische Angebot im Glacier Express sehr umfangreich und bietet für jeden etwas. Mehr Infos unter glacierexpress.ch

Ab St. Moritz führt der Bernina Express über den Berninapass durch das Puschlav bis nach Italien. Wer noch nicht genug hat, auf den warten grandiose Aussichten auf Gletscher, Berge, Viadukte, Bergseen und sogar Palmen.

Auf ihrem Weg überquert die Rhätische Bahn gleich mehrere Viadukte in Graubünden.

27 Porto – Prachtkacheln für Benedikt

Weinwirtschaft im Flusstal des Douro

Der Portwein verhalf dem Douro-Tal zu Wohlstand und die Quintas, die Weingüter, benötigten Arbeitskräfte. Die brachte die Bahn aus Porto. Heute benutzen viele Urlauber die Linha do Douro, um den Fluss zwischen den oft steilen Weinbergen zu erkunden.

Ob portugiesische Kinder schon von den Picos de Urbión geört haben? Vielleicht in der Schule, schließlich entspringt in den Bergen einer der wichtigsten Flüsse Portugals, der Douro. Da die Berge jenseits der Grenze in Spanien auf bis zu 2228 Meter aufragen, mag das Wissen im kleineren der beiden iberischen Staaten nicht so verbreitet sein. Braucht man diese Kenntnis? Nicht unbedingt, aber dass der Douro (spanisch: Duero) mit 897 Kilometern Gesamtlänge der drittlängste Fluss auf der iberischen Halbinsel ist (nach Tejo, spanisch: Tagus, und Ebro), gehört zum Schulwissen.

Der Fluss war für Nordportugal stets von großer ökonomischer Bedeutung, vor allem für den Transport landwirtschaftlicher Güter und Produkte. Das oft enge

↗ Bergsee in den nordspanischen Picos de Urbión.
← Blau-weiße Kacheln im São-Bento-Bahnhof in Porto.

Flusstal hatte zwar einst kaum Straßen, dafür sein eigenes Mikroklima, in dem Pflanzen, etwa Mandeln und Oliven, besonders gut gedeihen. Vor allem aber galt und gilt das für Weintrauben, und deren Anbau wurde für die Douro-Region ein großer Erfolg. Auf alten Zeichnungen und Fotos sieht man viele der typischen Rabelo-Boote, auf denen die Weinfässer in Richtung Flussmündung transportiert wurden, nach Porto und vor allem nach Vila Nova de Gaia, bis heute das Zentrum der Portwein-Produktion. Die Rabelos sieht man nur noch als touristische Zitate am Ufer vertäut. Der Wein wird inzwischen aufgrund guter Straßen in Tanklastwagen transportiert.
Mit dem Aufblühen der Weinwirtschaft brauchten die Orte am Fluss aber nicht nur eine Straße, sondern auch eine Eisenbahn entlang der windungsreichen Ufer. 1887 war die Linha do Douro vollendet, sie beginnt in Ermesinde nördlich von Porto und endet nach 163 Kilometern in Pocinho – nicht nur für Lokalpatrioten die schönste Bahnstrecke Portugals. Es ist immer noch die meist eingleisige, einfache Bahn von einst, auf Spurweite 1668 Millimetern (»iberische Spur«). Die Zuggarnituren sind teils Diesellok-bespannt, teils Dieseltriebwagen. Viele Waggons sind klimatisiert, in den älteren Wagen kann man aber noch die

Tipp

PORTWEIN – STARK UND HALTBAR

In Porto und in Vila Nova de Gaia gibt es verschiedene Portwein-Produzenten, die zeigen, wie der überwiegend rote Süßwein durch Zusatz von Alkohol »fortifiziert« wird. Die Führer erklären auch die Unterschiede zwischen den einzelnen Sorten, etwa Ruby oder Tawny. Traditionell waren die Briten die größten Abnehmer, heute sind es die Franzosen. Guter Port kann jahrelang gelagert werden.

Fenster öffnen, was Fotografen schätzen. Der Komfort ist bescheiden: nur eine Klasse und keine Verpflegung. Aber die Douro-Bahn wird wird zunehmend zum Touristenkult. In den Waggons sitzen oft kleine Gruppen mit Picknickkörben und dem fast obligatorischen Fläschchen Portwein. Saúde!

»Bescheidener Komfort, aber Touristenkult.«

Der Charme der Azulejos

44 Stationen liegen zwischen Ermesinde und Pocinho – und die schönste Station ist dabei nicht einmal mitgezählt: Porto-São Bento. Der nach St. Benedikt benannte Bahnhof in Porto gehört offiziell noch nicht zur Linha do Douro, aber an den meisten Tagen beginnen zwei oder drei Züge ihre Fahrt entlang des Flusses wegen der Nachfrage in der Großstadt. São Bento gilt als einer der schönsten alten Bahnhöfe Europas. Die eindrucksvolle Eingangshalle ist ausgekleidet mit raumhohen Azulejos, bemalten Kacheln mit Motiven aus der Landesgeschichte –

eine typisch portugiesische Kunstform. Der Bahnhof und die umgebende Altstadt gehören zum Weltkulturerbe.
Auch unterwegs sieht man hin und wieder kunstvolle Kachelpaneele an den Bahnhöfen, vor allem in der freundlichen Kleinstadt Pinhão (bei Kilometer 118) mit Szenen aus der Weinbaugeschichte der Region. Der inoffizielle Hauptort am Oberlauf des Douro ist Peso da Régua, meist nur Régua genannt. Der Hauptgrund für Touristen, dort aus dem Zug zu steigen, ist in der Regel das Museo do Douro. 1997 wurde es in einem großen, ehemaligen Weinlager am Fluss eröffnet. Von der Terrasse hat man einen guten Blick über den Douro und seine Kreuzfahrtschiffe, eine Bar offeriert Port- und andere Weine der Region. Alle Exponate sind in Portugiesisch und Englisch beschriftet. Ein Teil der Ausstellung ist auch der Geschichte und den Auswirkungen des Eisenbahnbaus im späten 19. Jahrhundert entlang des Flusses gewidmet. Die Endstation, Pocinho, ist unattraktiv. Die meisten Bahnreisenden kehren hier direkt um. Es gibt seit Langem Pläne, die Strecke bis zur nahen spanischen Grenze wiederzueröffnen. Zum Museum gehört ein guter Souvenirshop, in dem man selbstverständlich auch Portweine verschiedener Art erstehen kann.

↑ Bei Pinhão mündet der gleichnamige Fluss in den Douro.
↙ Diese Zugbrücke über den Douro führt durch das Weinbaugebiet bei Porto.

Info

Schweizer Passagieren kommen manche Waggons auf der Douro-Linie etwas bekannt vor. Einige Wagen waren früher auf eidgenössischen Gleisen unterwegs. Zu den Zugreisen werden auch diverse Kombinationen mit Fahrten auf den Douro-Schiffen angeboten. Dabei handelt es sich meist um Ausflugsschiffe.
Die Buchhandlung Lello in Porto gilt als eine der weltweit schönsten ihrer Art. Wegen des Touristenandrangs verlangt die Livraria heute ein Eintrittsgeld, das bei Kauf verrechnet wird.

Francesinha heißt das aus Porto stammende Sandwich, das auch im Douro-Tal bekannt ist: Auf Toastscheiben werden Schinken, Braten und Wurstscheiben, etwa von der Chipolata, angehäuft und mit geschmolzenem Käse und einer gut gewürzten Tomaten- und Biersauce überdeckt.

www.cp.pt

28 Von Serbien nach Montenegro

Ab Belgrad zum kleinen Hafenort Bar

Durch 254 Tunnel und über 435 Brücken gelangen wir auf knapp 500 Kilometern Länge von der Hauptstadt Serbiens an die montenegrinische Adriaküste.

Der kürzeste Weg von Belgrad an die Adria verläuft durch das unwegsame Dinarische Gebirge. Spätestens ab der Grenze zu Montenegro führt die Strecke entlang unwegsamer Canyons, durch Tunnels und über die höchste Eisenbahnbrücke Europas. Die von Tito erbaute Bahnstrecke von Belgrad nach Bar gilt als eine der tollsten Zugstrecken in Europa. Der Großteil der Strecke verläuft durch Serbien und Montenegro, knapp zehn Kilometer führen uns auch durch bosnisches Gebiet.

Gefragt sind Zeit und Geduld

Wer ohne Zwischenstopp nach Bar gelangen möchte, der sollte für die 476 Kilometer lange Bahnstrecke viel Zeit mitbringen. Laut Fahrplan dauert die Zugfahrt etwas mehr als 11 Stunden. Oft sind es aber 12, 13 oder mehr Stunden, die benötigt werden. Am besten genießen wir die Fahrt in den Sommermonaten, wenn es bis spät am Abend hell ist. Nur dann sehen wir die spektakuläre Strecke komplett bei Tageslicht – wenig Verspätung vorausgesetzt. So fahren wir in Serbien einige Zeit am Fluss Lim entlang. Gleich danach sind wir dann auch für ein paar Kilometer auf einem kleinen Korridor durch Bosnien-Herzegowina unterwegs, allerdings ohne Halt auf bosnischem Territorium.
Die meisten und längsten der 254 Tunnel und 435 Brücken auf unserer Strecke liegen in Montenegro. Fast ein Viertel der Gesamtstrecke Belgrad – Bar verläuft im Tunnel. Zusammengerechnet sind die Tunnel 114 Kilometer lang. Mateševo bei Kolašin inmitten der Bjelasica-Berge ist auf 1032 Metern Seehöhe übrigens der höchste Punkt der Gebirgsbahn.

Einzigartige Natur

Unbedingt anschauen sollten wir uns die kleine Bergstadt Kolašin, die mitten im Nationalpark Biogradska gora liegt. Der wiederum ist eine Perle des europäischen Naturerbes. Als fast einziger europäischer Regenwald umgibt er den fantastischen Biogradsko-See und steht seit Lan-

→ Hohe Felswände bilden die Schlucht des Morača in Montenegro.

gem unter Naturschutz. Man sagt, dass in ihm seit Jahrzehnten kein einziger Baum gefällt worden sei. Das Naturreservat beheimatet Dutzende von Pflanzen- und Hunderte von Tierarten, die in ganz Europa nur an diesem Ort zu finden sind. Im Rahmen einer Tagestour entdecken wir unberührte Wälder mit Bäumen, die über fünfhundert Jahre alt sind, große Berghänge und -gipfel, Gletscherseen in einer Höhe von 1820 Metern, und machen eine Bootsfahrt auf dem Biogradsko-See, der direkt am Eingang des Parks liegt. Der bildet gemeinsam mit dem Fluss Jezerštica einen Anblick von einzigartiger Schönheit: Über dem See, der sich auf 54000 Hektar ausdehnt, erheben sich riesige Gebirgskränze, die sich in seiner ruhigen Wasseroberfläche spiegeln – einfach wunderbar. Im Winter ist Kolašin übrigens ein vielbesuchter Wintersportort.

Zurück im Zug bemerken wir, dass die bunten Wälder in Richtung Westen vom schroffen Karst abgelöst werden, denn Richtung Podgorica beginnt der Anstieg in die atemberaubende montenegrinische Gebirgswelt. In 198 Metern Höhe überquert unser Zug dann auf der höchsten Eisenbahnbrücke Europas das tief eingeschnittene Tal. Das 498 Meter lange Mala-Rijeka-Viadukt hat sich farblich seiner kargen und schroffen Umgebung angepasst. Übrigens sehen wir, wenn wir die Brücke hinter uns gelassen haben, noch einmal die eben befahrene Strecke – sehr imposant. Zudem bietet sich uns ein weiter Blick nach Montenegro,also ins Land der Schwarzen Berge, bevor unser Zug im nächsten Tunnel verschwindet. Der steil abfallende Canyon weitet sich jetzt langsam zu einem breiten Tal aus.

Sehenswertes Podgorica

Bis nach Podgorica führt unsere Reise dann entlang des Steilhangs ständig bergab. In der Hauptstadt Montenegros besichtigen wir die Millenniumsbrücke, deren Aussehen so ungewöhnlich und einzigartig ist, dass sie mit keiner anderen auf der ganzen Welt verwechselt werden kann. Besonders malerisch ist die Brücke bei Nacht. Große Grünflächen machen Podgorica angeblich zu einer der »grünsten Städte Europas«. So ist der Waldpark Zlatica ein Paradies für Erholungssuchende. Dort finden wir die längste Trimmstrecke Montenegros – vielleicht nicht schlecht nach dem vielen Sitzen im Zug.
Der Platz der Republik ist nicht nur der zentrale und größte Platz der Stadt, sondern auch der größte im ganzen Land. Seine Fläche beträgt 15 000 Quadratmeter! In der Mitte des Platzes befindet sich ein Brunnen, um den herum ständig Feste gefeiert, Versammlungen abgehalten und Märkte veranstaltet werden. Ein Muss ist die alte Brücke über die Ribnica. Sie ist die älteste Brücke und wurde in der Zeit der römischen Herrschaft erbaut. Eines der ältesten Symbole der Stadt und ein schönes Beispiel für osmanische Architektur ist der Uhrturm, der sich auf dem Platz Becir Bey Osmanagic in der Altstadt (Stara Varos) befindet.

»Ich finde es in diesem Leben bedauerlich, dass ich selbst zwei Ursprünge nicht habe, und deshalb kann ich Montenegro als meine zweite Heimat nicht nennen.«

Wladimir Wysotsky

↖ Die Ribnica-Festung in Podgorica wurde Ende des 15. Jahrhunderts erbaut.
→ Dichte Wälder umranden den Biogradsko-See.

Tipp

ZENTRALE LAGE

Der Bahnhof Bar eignet sich gut für weitere Touren z. B. nach Dubrovnik, Kotor oder Budva, wohin jeweils gute Busverbindungen bestehen. Strategisch gut liegt Bar auch für Reisen von und nach Albanien, ebenfalls per Bus über Ulcinj von Bar aus gut erreichbar.

Die älteste Kirche, die des Heiligen Georgs, steht zwischen duftenden Bäumen am Fuße des Gorica-Hügels, nach dem die Stadt benannt wurde. Wunderschöne Ikonen, goldene Hintergründe und Gemälde schmücken hingegen die Auferstehungskathedrale. Hier entdecken wir in der Nähe der Gewölbe oben links vom Altar eine apokalyptische Szene, in der Marschall Tito, Karl Marx und Friedrich Engels erkannt werden können.
Wer noch Zeit hat, besucht das Kloster Dajbabe, das der Himmelfahrt der Heiligen Jungfrau Maria gewidmet ist. Es liegt auf dem Cemovo-Polje-Feld, zwischen Podgorica und dem Fluss Cijevna, in der Nähe der Straße und der Eisenbahnstrecke Podgorica – Plavnica. Vom Dajbabe-Kloster aus bietet sich ein schöner Blick auf das Zeta-Feld, aber auch auf den Skutarisee und den Berg Rumija, die Krajina und das hohe Crmnica-Gebirge.

Quer über den See

Eines der Highlights auf unserer weiteren Zugreise ist der größte See der Balkanhalbinsel, der Skutarisee, unweit der albanischen Grenze. Dabei fahren wir über einen Damm quer über den See, vorbei an einer verfallenen türkischen Festung. Hier sind wir auf den letzten Kilometern unserer langen Reise Richtung Meer. Durch den über sechs Kilometer langen Sozina-Tunnel erreichen wir dann an der Küste unseren Endbahnhof Bar.

↗ Der montenegrinische Küstenort Bar hat einen wichtigen Hafen.
← Der Skutarisee in Montenegro ist bei Aktivurlaubern sehr beliebt.

Info

Direkte Zugverbindungen über Tag und Nacht. Die Fahrtzeit von Bar nach Belgrad beträgt etwa 11 Stunden. Der Ticketpreis kostet ca. 21 EUR in der 2. und ca. 32 EUR in der 1. Klasse, Sitzplatzreservierung 3 EUR. Im Nachtzug beträgt der Preis für die Standardkoje ca. 6 EUR. In einem Schlafwagenabteil sind die Preise abhängig von der Kapazität (Reservierungspreis pro Person): 3 Personen ca. 15 EUR, 2 Personen ca. 20 EUR, 1 Person ca. 45 EUR.

Kolašin: Fahrtzeit ab Belgrad ca. 8:45 Stunden. Kosten 2. Klasse 17 bis 19 Euro und 1. Klasse zwischen 25 und 28 Euro. Eintritt Nationalpark Biogradska gora 4 EUR, Kinder bis 7 Jahre frei.

Podgorica: Fahrtzeit ab Kolašin ca. 1 Stunde und 15 Minuten. Kosten etwa 2–5 EUR.

29 Die Inlandsbahn

Mitten durchs Land nach Norden

Parallel zum Skandinavischen Gebirge, das sich über 1700 Kilometer durch die Halbinsel zieht, rollt die Inlandsbanan durch Schweden und erschließt das Land zwischen dem Süden und Lappland. Die traditionsreiche, seit einigen Jahren verkürzte Eisenbahn hat wirtschaftlich zwar an Bedeutung verloren, aber als touristische Attraktion gewonnen.

Hygge«, gemütlich, sagen viele Touristen aus Dänemark, wenn sie mit der schwedischen Inlandsbahn in Urlaub fahren. Und die Schweden stimmen ihnen gerne zu: Sie mögen ihre Inlandsbanan und wehrten sich vehement, als die Bahnlinie durch das Hinterland vor einigen Jahren durch Buslinien ersetzt werden sollte. Gemütlichkeit empfindet man gewiss, wenn man mit dem modernen Intercity von Stockholm anreist nach Mora, dem südlichen Endpunkt der Inlandsbahn. Der nördliche Endpunkt ist Gällivare, eine wichtige Station an der Erzbahn (siehe Kapitel 22, S. 140).

Tipp

MORA – KUNST UND SPORT

Alle Schweden kennen Mora, denn der Zieleinlauf des 90 Kilometer langen Wasalaufs ist ein nationales Ereignis. Aus dem Rennen, an dem jährlich Zehntausende Skilangläufer teilnehmen, ist inzwischen eine Wasa-Woche geworden. Gnzjährig ist die Stadt geprägt vom berühmten Maler Anders Zorn (1860–1920), der dort geboren wurde. Ein Museum und zwei seiner für Besucher offenen Häuser erinnern an den großen Maler, der auch als Mäzen tätig war.

Sichere Route abseits der Küste

Das Erz in Lappland war auch einer der Gründe für den Bau der Bahn durch das Landesinnere. Es gab zwar schon eine Bahntrasse von Süd- nach Nordschweden, als 1907 der erste Spatenstich für die Inlandsbahn zelebriert wurde, aber diese Trasse führte entlang der Küste am Bottnischen Meerbusen, und das schwedische Militär sah diese durch eventuelle feindliche Angriffe gefährdet. Es forderte eine sichere Bahn im Hinterland für sei-

→ Der Muddus-Wasserfall im weitgehend unberührten Muddus-Nationalpark überwindet 42 Meter Gefälle.

MORA

»*Ein angenehmer Begleiter verkürzt den Weg.*«

Lappländisches Sprichwort

nen Nachschub. Geplant und gebaut wurde deshalb die Bahn von Gällivare bis ins knapp 1300 Kilometer entfernte Kristinehamn am Nordufer des Vänernsees. Der Bau dauerte 30 Jahre, 1937 eröffnete Kronprinz Gustav Adolf die nicht elektrifizierte Normalspur-Bahn, auf der anfangs der Gütertransport weit wichtiger war als die Passagierzüge. Zur selben Zeit gewann allerdings der Straßenbau Priorität in Schweden.

Heute ist der südliche Abschnitt von Kristinehamn bis Mora weitgehend stillgelegt. Aber ab Mora beträgt die Entfernung bis Gällivare immer noch mehr als 1000 Kilometer. Es ist eine einzigartige Strecke durch einen kaum besiedelten Teil Schwedens, eine Fahrt durch scheinbar endlose Wälder und Moorlandschaften – durch das grüne Herz Schwedens. Oft sieht man Rentiergruppen und bisweilen auch den einen oder anderen Elch. Wenn man auf die Streckenkarte der Inlandsbahn schaut, sieht es gar nicht so einsam aus: Rund 190 Haltepunkte sind dort aufgezählt.

Sommerlicher Urlaubsbetrieb

Doch die Zahl täuscht, viele verstreut in der schönen Landschaft liegende Bahnsteige werden nicht mehr genutzt. Unterwegs passieren die Triebwagen häufig hübsche Holzhäuser im typischen regionalen Bahnhofsstil. Aber normalerweise hält hier kein Zug mehr – es sei denn, eine relativ große gelbe Scheibe mit rotem Rand signalisiert dem Zugführer, dass ein Fahrgast einsteigen möchte. Ehe

↖ Der Bahnhof von Mora ist ein Haltepunkt der Inlandsbahn.
← Diese Brücke in der schwedischen Provinz ist für Züge und Autos geeignet.
→ Nicht mehr ganz up to date, aber urig, ist der Bahnhof von Moskosel.

Tipp

PICASSO UND DER NORDEN

Ein Kunstwerk von Pablo Picasso ist nicht unbedingt das, was man mitten in Schweden erwarten würde. Der aus Kristinehamn stammende Künstler Bengt Olsen erhielt in den 1960er-Jahren durch Zufall die Gelegenheit, ein Werk von ihm in die Stadt zu holen, und es gelang ihm, den Stadtrat davon zu überzeugen, dass man diese nutzen müsse. Heute ist die Skulptur die meistbesuchte Sehenswürdigkeit Kristinehamns.

es dann weitergeht, muss die runde Scheibe, genannt Blech-Bahnhofsvorsteher, wieder umgestellt werden von vertikal auf horizontal. Das passiert im Sommer öfter einmal – ansonsten aber nicht, denn die Binnenbahn bedient die gesamte Strecke zwischen Mora und Gällivare nur zwischen Mitte Juni und Ende August.

Von diesen Wochen lebt die Bahn heute vornehmlich, nämlich vom Geld der Touristen. Sie sind im Gegensatz zu früheren Zeiten heute wichtiger als der Gütertransport. Die Inlandsbanan AB, die von 15 Gemeinden entlang der Trasse gegründete Eisenbahngesellschaft, weiß natürlich um die Bedeutung des Tourismus für das Überleben ihrer Bahn. Deshalb fährt im Sommer auf jeder Tour jemand mit, der unterwegs über einzelne Orte, aber auch über viele Mythen und Geschichten der Landschaft und der Eisenbahn informiert. Er kündigt auch an, wenn der Zug an einer Station etwas länger hält. Oft spielen dann lokale Musikgruppen auf. Entlang der Route gibt es auch an zwei Haltepunkten, in Sorsele und Moskosel, Museen zur Geschichte der Bahn und ihrer Erbauer. Der beliebteste Stopp ist am entsprechend beschilderten Polarkreis, wo stets Selfie-Alarm herrscht.

Unterwegs gibt es auch die Möglichkeit, bei einem längeren Halt ein kleines Frühstück oder einen Lunch einzunehmen, wenn der Zugbegleiter eine entsprechende Bestellung telefonisch vor-

↗ Der Muddus-Nationalpark besteht etwa zur Hälfte aus Urwald.
← Picassos größtes Werk ist diese 15 Meter hohe Skulptur bei Kristinehamn.

ausgeschickt hat. Der wichtigste Halt ist Östersund (50 000 Einwohner), das bereits mehrfach Kandidat für Olympische Winterspiele war. Östersunds schmuckes Rathaus ist das Wahrzeichen der Kommune. In der kleinen Großstadt übernachten viele Reisende, da die Inlandsbahn ihre Fahrt dort abends unterbricht.

Info

Die Inlandsbahn überquert zwei erhaltene Brücken, die zugleich der Straße dienen. Dort muss ein Bahnarbeiter aussteigen und vor der Eisenbahn einhergehen, um die Passage zu sichern – das ist zugleich ein beliebter Fotostopp. Die Kombi-Brücke bei Sveg (Streckenkilometer 356,631) ist nach dem Krimi- und Bestsellerautor Henning Mankell (1948–2015) benannt, der als Kind eine Zeit lang in Sveg lebte. In Arvidsjaur pflegt ein für die Inlandsbahn engagierter Eisenbahnverein (www.ångtågagarvidsjaur.se) historische Fahrzeuge und organisiert regelmäßig Museumsfahrten mit seinen Dampfloks und einem Triebwagen, darunter auch Fahrten zum Wintermarkt in Jokkmokk. Arvidsjaur bietet auch die Möglichkeit, an einer Führung durch das weltgrößte Samendorf Lappstaden mitzumachen.
res.inlandsbanan.se

Friedliche Abendstimmung am Gåxsjö-See
in der schwedischen Provinz Jämtlands län.

30 Nordküste Spaniens – es grünt so grün

So bequem ist es selten auf dem Jakobsweg

Pilgerfahrten mit der Eisenbahn sind nicht selten. In Österreich wurde mit der Mariazellerbahn sogar eigens eine Strecke gebaut. Aber Sechs-Tage-Reisen im Luxuszug entlang der spanischen Nordküste nach Santiago de Compostela sind schon speziell.

Spanien? Klar, das kennen Millionen Urlauber: die Strände, das warme Mittelmeer, das sonnendurchglühte Hinterland. Spaniens Süden ist Europas Ferienregion Nr. 1. Dass Spaniens Norden auch eine lange Küste hat und überdies so grün ist wie kaum ein anderer Teil des Festlands, war bei den sonnenhungrigen Nord- und Westeuropäern ein wenig in Vergessenheit geraten. Die Einheimischen wussten es natürlich immer schon: Wenn im Sommer im Süden Backofenhitze herrschte, suchten die Spanier seit jeher Abkühlung an den Stränden der Biskaya.
Das hat sich in jüngster Zeit etwas geändert, dank St. Jakob. Sein Grab, zwischen 820 und 830 in Santiago de Compostela entdeckt, machte den Ort fast über Nacht zu einem der größten Pilgerziele in Europa. Wie der Leichnam des Apostels in die entlegene Ecke der Iberischen Halbinsel gelangte, ist Stoff für Legenden. Zu den ersten Pilgern zählten die asturischen Könige, kein Wunder, dass Santiago de Compostela sehr schnell populär wurde. Bald entstanden – oft als Werke tätiger Nächstenliebe der Herrschenden – Herbergen entlang des Jakobsweges. Die goldenen Jahrhunderte der Pilgerreisen gingen über in Krisenjahre, von der Reformation bis zum Spanischen Bürgerkrieg. Heute erlebt der Jakobsweg wieder eine Renaissance mit mehr Pilgern als je zuvor, aber unter neuen Vorzeichen: Neben religiösen Gründen sind nun eher andere spirituelle, etwa esoterische, Ziele und bisweilen selbst Lifestyle-Motive vorherrschend.

← Nach Santiago ist es noch ein Stück: Sonnenaufgang am Golf von Biskaya im nordspanischen Galicien.

Gemächliches Zuckeln

Der wahre Pilger ist weiterhin auf Schusters Rappen unterwegs, aber inzwischen werden auch Touren aller Art angeboten, von organisierten Fahrradtrips über Schiffsreisen – bis zu Fahrten mit der Eisenbahn. Dafür bietet Spaniens Staats-

bahn Renfe über ihre Schmalspur-Tochter Feve etwas besonders Feines: den Luxuszug Costa Verde Express. Der Grüne-Küsten-Express, früher auch bekannt als »El Transcantábrico Clásico«, pendelt in der Saison zwischen Bilbao und Santiago de Compostela. Die sechstägigen Fahrten mit fünf Übernachtungen an Bord sind ein gemächliches Unternehmen: Der im Belle-Époque-Stil gehaltene Zug zuckelt mit durchschnittlich 50 km/h durch diese schöne Landschaft, er rollt hinab in die Flusstäler und klettert dann wieder über die Berge. Nachts hält der Zug an einem Bahnhof, um den Passagieren einen ungestörten Schlaf zu bieten. Und wenn im Salonwagen das Früh-

Tipp

BILBAO – EIN BLÜHENDES HUNDELEBEN

»Puppy« ist wohl der meistfotografierte Hund Spaniens. Die gut zwölf Meter hohe Skulptur von Jeff Koons vor dem Guggenheim-Museum in Bilbao wird in jedem Frühjahr mit Tausenden bunter Blumen bepflanzt. Das Werk sollte nur im Eröffnungsjahr des Museums 1997 dort stehen. Nach Bürgerprotesten wurde es gekauft und bleibt nun dauerhaft an seinem Platz. Das erste Modell für »Puppy« entstand in Deutschland.

stück serviert wird, bricht der Zug auf zur nächsten Etappe, es sei denn, an diesem Tag wartet ein Bus für einen (im Reisepreis enthaltenen) Ausflug, der von Spanisch und Englisch (selten Deutsch) sprechenden Führern geleitet wird.

Der Costa Verde passiert alle nordspanischen Regionen; Baskenland, Asturien, Kantabrien und Galicien. Die baskische Metropole Bilbao dient heute weltweit als Beispiel für die Wiedergeburt einer großen Industriestadt im Niedergang: Die Stadtväter wagten einen Befreiungsschlag. Sie setzten auf Kultur und Tourismus und beauftragten den kanadischen Stararchitekten Frank Gehry mit dem millionenteuren Bau einer Filiale des New Yorker Guggenheim-Museums für Moderne Kunst. Sein avantgardistischer Bau wurde zu einem Symbol für das moderne Spanien. Das Experiment gelang, Bilbao zieht nun Besucher aus aller Welt an – und viele sind erstaunt, wenn sie unweit des Museums eine hübsche Altstadt entdecken.

Santander, die Hauptstadt von Kantabrien und der Stopp am ersten Abend, ist ein modern wirkendes Großstadtseebad mit schönen Stränden. Deshalb war Santander früher auch eine Sommerresidenz des spanischen Königs. Architektonisch ist die Stadt nach einem Großbrand 1941, der die historische Bausubstanz vernichtete, weniger attraktiv. Santillana del Mar, der nächste Halt, hat eine kleine historische Altstadt, lebt touristisch aber von seiner Lage am Jakobsweg, vor allem

»Bären und Bartgeier im Nationalpark.«

jedoch von den Höhlen von Altamira oberhalb der Stadt. Die Höhlen sind dank ihrer prähistorischen Wandmalereien ein Weltkulturerbe, sie wurden aber 1979 geschlossen, weil die Atemluft der Touristen die Malerei beschädigte. Nahe bei der Höhle entstand ein Besucherzentrum mit einer Reproduktion der unterirdischen Eingangshalle. Der Zug fährt weiter zu seinem Nachtquartier in Cabezón de la Sal.

Der nächste Tag steht im Zeichen des Nationalparks rings um die Picos de Eu-

↖ Vermutlich der berühmteste Hund Spaniens: Puppy.
→ Der Fluss Deva schlängelt sich durch eine Schlucht im Gebirge Picos de Europa.

Tipp

SANTIAGO DE COMPOSTELA – WEIHRAUCH XXL

Die Kathedrale in Santiago de Compostela ist das Ziel aller Jakobspilger. Berühmt ist ihr Botafumeiro, ein 1,6 Meter hohes Weihrauchfass, das an einem 66 Meter langen Seil von der Decke hängt. Zu vielen Anlässen, etwa zu Hochmessen, wird das kunstvoll verzierte Fass von acht Männern in große Schwingungen versetzt. Der Weihrauch dient dann auch dazu, den Schweiß gerade angekommener Wanderer zu neutralisieren.

ropa. »Asturiens Alpen« liegen nahe der Küste, deshalb regnet es dort häufig, was den Wäldern im Gebirge sichtbar guttut. Rund 200 Gipfel über 2000 Meter liegen in der Bergzone, die meisten sind Teil des Nationalparks Picos de Europa (Gipfel Europas). Die Region wurde von der UNESCO zum Biosphärenreservat erklärt. Der höchste Berg ist der 2648 Meter hohe Torre de Cerredo. Während des Busausflugs haben die Mitreisenden gute Chancen, Rehwild oder Steinadler zu sehen. Wegen des oft schwer zugänglichen und daher fast unberührten Terrains leben dort aber auch noch bedrohte Arten wie Bären oder Bartgeier. Über Nacht hält der Zug in Arriondas.

Oviedo, die Hauptstadt von Asturien, hat als römische Gründung eine lange Geschichte, von der Bauten in der Altstadt zeugen. Eine besondere Bedeutung kommt der Cámara Santa zu. Die Heilige Kammer in der Kathedrale, ein Weltkulturerbe, birgt eine Reliquiensammlung, für die früher viele Jakobspilger einen Umweg ins Hinterland machten. Auch der Costa Verde Express hat diesen großen Schlenker gemacht und fährt nun zurück zur Küste nach Gijon, das, obwohl Industriehafen, auch populäre Badestrände besitzt. Über Avilés geht es nach Luarca.
Am vorletzten Tag rollt der Express nach Ribadeo, berühmt für seinen »Strand der Kathedralen« – von Wellen, Wind und Erosion geschaffene Felsformationen. Für die letzte Nacht rastet der Zug im Städtchen Viveiro, eine keltische Gründung, die Attacken durch marodierende Wikinger sowie Feuersbrünste überstand. Davon zeugen Reste der Stadtbefestigung. Am sechsten Tag ist dann das Ziel erreicht, Santiago de Compostela, eine große Stätte der Christenheit.

↑ Die Statue in Oviedo ist der Hauptfigur von Leonardo Alas' Roman »La Regenta« gewidmet.
↙ Die Isla Pancha in Nordspanien.

Info

La Compostela heißt die Urkunde, die bezeugt, dass man zur Kathedrale gepilgert ist. Wanderer müssen mit den offiziellen Stempeln in ihrem Pilgerausweis nachweisen, dass sie mindestens 100 Kilometer gelaufen sind. Radfahrer müssen 200 Kilometer gestrampelt sein.

Alle 26 Abteile im Costa Verde Express haben Minibars, Doppelbetten (120 × 185 cm) und jeweils eigene Duschbäder mit Dampfbadeinrichtungen. Die Zahl der Passagiere ist auf 54 begrenzt. Zu den Mahlzeiten ist der Tischwein im Reisepreis enthalten. Die Züge, Baujahr 1983, wurden bis 2001 komplett umgestaltet. Die Fahrten des Costa Verde Express werden in den deutschsprachigen Ländern von verschiedenen Bahnreise-Veranstaltern angeboten.

trencostaverdeexpress.com/en/home

31 Durch Andalusien von Miralda zur Alhambra

Landschaftliche und kulturelle Schönheiten

Andalusien ist eine der Regionen, die Spanienurlauber nicht nur mit Stränden, sondern auch mit außergewöhnlichen Kulturstätten locken. Wer das mit der Kultur des Reisens verbinden will, ist nirgendwo besser aufgehoben als im Luxuszug Al Andalus.

Unter Eisenbahnfreunden hat Andalusiens Name einen guten Klang: Das Herzland des spanischen Tourismus erhielt nämlich schon 1992 zwischen Madrid und der andalusischen Hauptstadt Sevilla die erste Hochgeschwindigkeitsstrecke Spaniens. Die Trasse wurde anlässlich der Weltausstellung Expo 92 gebaut. Seither hat die nationale spanische Bahngesellschaft Renfe das mit 3622 Kilometern Länge größte Hochgeschwindigkeitsnetz Europas (und nach China weltweit zweitgrößte) ausgebaut. Die AVE-Züge (Alta Velocidad Española) rauschen mit über 310 Stundenkilometern durch das Land.
Renfe setzt aber nicht nur die modernsten Züge Spaniens ein, sondern auch seine ältesten: stilgerecht aufgemöbelte und heutigen Ansprüchen entsprechende umgebaute Luxuswaggons von einst. Flaggschiff dieser kleinen, aber erlesenen Flotte ist Al Andalus, der – seinem maurischen Namen folgend – Andalusien auf Schienenkreuzfahrten vom Feinsten erlebbar macht. (Ein anderer Zug aus dieser Renfe-Kollektion ist der Costa Verde Express (siehe Kapitel 30, Seite 196). Diese Züge werden in der Werbung bisweilen als »Königszüge« bezeichnet, was wohl besonders auf die Wagengarnituren des Al Andalus zurückgeht. Dessen rollende Salons und Restaurants wurden zum Teil ursprünglich für die Mitglieder der Royal Family in London im Stil der Belle Époque gebaut und von ihr genutzt, um standesgemäß von der französischen Kanalküste zu ihren Ferienorten an der Côte d'Azur zu reisen.

Quer durch Spaniens Süden

Heute ist der Al Andalus von Frühjahr bis Herbst meist zwischen Sevilla und Granada unterwegs. Die Reisen dauern in jede Richtung sieben Tage und sechs Nächte. Über Nacht hält der Zug jeweils

→ Die Plaza de Espana in Sevilla wurde im Stil der südamerikanischen Kolonien erbaut.

Tipp

BURGOS – MUSEUM DER MENSCHHEIT

Nachdem in der Nähe von Burgos einige der weltweit wichtigsten menschlichen Fossilien gefunden worden waren, plante die nordspanische Stadt ein Museum der menschlichen Entwicklung, das Museo de la Evolución Humana. Die 2010 eröffnete Sammlung beeindruckt durch 25 großflächige Projektionen und den Nachbau des Hecks der HMS Beagle, dem Schiff, mit dem Charles Darwin 1831 bis 1836 die Welt umsegelte.

in einem Bahnhof. Der Al Andalus ist mit 450 Metern der längste Zug auf Spaniens Schienen, bedingt durch die 14 Waggons, die die Lok zu ziehen hat: zwei Restaurants, ein Küchenwagen, ein Barwagen, ein Salon und sieben Abteilwagen, deren Betten tagsüber zu Sofas werden. Alle Abteile haben ihr eigenes Bad mit Dusche und Toilette. Hinzu kommen ein Wagen für das Personal und ein eigener Generatorwagen. Der gesamte Zug bietet Internetzugang, unterwegs ist der Empfang allerdings nicht immer so gut wie nächtens in den Stationen.
Die Kabinen sind in zwei Klassen aufgeteilt und unterscheiden sich durch ihre Größe, ihre Betten (Twin oder Queensi-

ze) und natürlich im Preis. Inbegriffen in den Reisepreisen sind alle Mahlzeiten nebst Getränken im Zug und in Restaurants, alle im Programm genannten Exkursionen und Eintrittsgelder sowie mehrsprachige, aber nicht unbedingt deutschsprachige Tourguides. Die Zugreisen werden von einem eigenen Bus für die Ausflüge begleitet. Nicht inbegriffen sind Getränke außerhalb der Mahlzeiten, etwa im Bar- oder im Salonwagen. Das Frühstück wird immer im Zug serviert.

Städtetrip de luxe

Alle Andalusien-Reisen beginnen und enden in renommierten Hotels, in Sevilla im historischen Hotel Rey Alfonso XIII, in Malaga im schön gelegenen Parador Nacional de Gibralfaro. Die Reise endet meist gegen 17 Uhr (ohne Übernachtung).
In Sevilla ist eine Führung durch die Altstadt einschließlich der Kathedrale und ihrem Giralda-Turm, dem Wahrzeichen der Stadt, eingeplant. Nach dem Lunch im Hotel mit spanischen Spezialitäten folgt eine Busrundfahrt mit Stopp an der Plaza de España, einem der eindrucksvollsten Plätze Europas. Danach beziehen die Passagiere ihre Abteile im Al Andalus. Das erste Dinner der Reise bereiten die Köche an Bord zu, während der Zug nach Jerez de la Frontera fährt. Nach dem Frühstück wartet der Bus für den Ausflug nach Cádiz, eine der ältesten durchgehend bewohnten Städte der westlichen Welt. Zum Lunch geht es zurück

»Reisen wie einst britische Monarchen.«

an Bord, zum Abendessen sind Plätze in einem Restaurant in Jerez gebucht. Der Zug bleibt auch zur zweiten Nacht in Jerez, der Hauptstadt des Sherry.
Wie dieser andalusische Weißwein mit Branntwein verstärkt wird und danach in der Reife seinen besonderen Geschmack gewinnt, erfahren die Reiseteilnehmer am nächsten Vormittag auf einem Sherry-Weingut, mit Kostprobe, versteht sich. Eine Vorführung der Dressurkünste andalusischer Pferde rundet

↖ Das Stadttor Arco de Santa María in Burgos.
→ Der andalusische Jabugo-Schinken wird fein aufgeschnitten.

Tipp

BARCELONA – PORTO: AUCH IM AL ANDALUS

Der Al Andalus ist bisweilen auch abseits seiner angestammte Gleise unterwegs. Etwa auf der Strecke Barcelona – Porto (Portugal). Höhepunkte der achttägigen Reise sind Saragossa mit der Basilica del Pilar, Spaniens größtem Barockbauwerk, Burgos, León, Santiago de Compostela und Vigo. Ein Teil dieser Reise findet im Luxusbus statt. Reisen jenseits von Andalusien sind meist spezielle Chartertouren.

den Vormittag ab. Danach bricht der Zug auf ins Gebiet der berühmten weißen Dörfer Andalusiens. Ziel ist die schöne Kleinstadt Ronda, durch die eine tiefe, von berühmten Brücken überspannte Schlucht führt, und die der Dichter Rainer Maria Rilke im deutschsprachigen Raum bekannt machte. Das Abendessen wird in einem Restaurant eingenommen, der Zug bleibt über Nacht in Ronda.
Zu der Tour durch Ronda gehört natürlich auch Spaniens älteste Stierkampfarena, die Orson Welles und Ernest Hemingway faszinierte. Wie Hemingway war Welles häufig in Ronda, der Regisseur arbeitete damals an einem Don-Quijote-Film, der nie fertiggestellt wur-

de. Später startet Al Andalus nach Córdoba, wo auch übernachtet wird. Der fünfte Tag beginnt mit einer Führung durch die einstige Hauptstadt des Kalifats Andalusien und einem Besuch der Moschee von Córdoba, einem Weltkulturerbe, das nach der christlichen Rückeroberung Spaniens zu einer Kathedrale umgewidmet wurde. Der Zug rollt weiter, während im Restaurantwagen der Lunch serviert wird. Für den Nachmittag stehen die kleinen Städte Úbeda und Baeza auf dem Ausflugsplan, beide tragen den Titel Weltkulturerbe.

Das Dinner wird an Bord auf der Fahrt nach Granada serviert, die Großstadt liegt fotogen am Fuß der Sierra Nevada, einem der spanischen Skigebiete. Nach dem Frühstück im Zug steht die meistbesuchte Attraktion Spaniens auf dem Programm, die weltberühmte Alhambra, ein Festungs- und Palastkomplex von großer Schönheit. Für das Abendessen ist ein örtliches Restaurant vorgesehen. Das folgende Frühstück in Granada ist das letzte im Al Andalus. Die Schlussetappe der Reise nach Málaga findet im Bus statt, wo nach einer Besichtigung der maurischen Burg Alcazaba und nach einem Lunch im Hotel die Passagiere ihre privaten Pläne verfolgen.

↑ Der Puente Nuevo in Ronda überspannt in 120 Metern Höhe den Río Guadalevín.
↙ Die Burganlage Alhambra in Granada wurde im maurischen Stil erbaut.

Info

Im Salonwagen des Al Andalus finden unterwegs auch kleine Veranstaltungen und musikalische Vorführungen statt, meist mit Bezug auf Andalusien. Sie sind im Reisepreis inbegriffen.

Jabugo-Schinken ist eine Spezialität aus dem nördlichen Andalusien, welche die Gäste des Al Andalus in den Restaurants des Zuges kennenlernen können. Er ist eine Variation der bekannten rein iberischen Schinkensorten.

Gäste in den De-Luxe-Suiten des Al Andalus können sich zwei Mittag- oder Abendessen in der privaten Atmosphäre ihrer Suiten servieren lassen.

Tagsüber haben die Standardkabinen (Gran Clase) zwei gegenüberliegende breite Sitze, die nachts in zwei über Eck stehende Betten verwandelt werden. Dadurch bleibt der Zugang zu den Bädern einfach.

eltrenalandalus.com/en/

32 Von St. Pölten nach Maria Zell

Durchs Dirndltal ins Mariazeller Land

Mit der Mariazellerbahn »Himmelstreppe« fahren wir von St. Pölten, der niederösterreichischen Landeshauptstadt, bis zum Wallfahrtsort Maria Zell in der Obersteiermark.

Rund 90 Kilometer führt die Mariazellerbahn von der Landeshauptstadt St. Pölten durch das Pielachtal und den Naturpark Ötscher-Tormäuer bis in den Wallfahrtsort Mariazell. »Himmelstreppe« heißen die modernen goldenen Waggons. Und der Name ist Programm, denn die Bahn steigt doch wahrlich die Berge hinauf zum namensgebenden Gnadenort Mariazell. In manchen Ohren mag das etwas kitschig klingen, aber die Züge bieten so fantastische Ausblicke, dass einem die Bezeichnung nach der Fahrt nur allzu treffend vorkommt. 25 Stationen, 19 Viadukte und 21 Tunnel umfasst die einzigartige Fahrt, die an sich schon ein Erlebnis ist.

Bevor es vom Bahnhof St. Pölten losgeht, besichtigen wir noch das Museum Niederösterreich. Dort werden parallel die Natur und die Geschichte präsentiert. Der Bereich Geschichte bindet uns mit

↗ Längste Schmalspurbahn Österreichs: die Mariazeller Bahn.
← Die Basilika Mariazell beherbergt das hölzerne Mariengnadenbild.

vielen interaktiven Stationen ein und im Haus für Natur bekommen wir im Inneren des Museums das Gefühl, dass wir in der Natur unterwegs sind. Dann ist unser erster Halt Ober-Grafendorf, wo wir nach einer halben Stunde Fußweg den wunderschönen Ebersdorfer See besuchen, der perfekt ist für Naturliebhaber. Am Bahnhof Klangen entdecken wir eine interessante Galerie, eine Kunstwerkstätte und einen Skulpturenpark.

Steilste Strecke Österreichs

In Weinburg lockt das liebevoll gestaltete Dorfmuseum mit interessanten Stücken zur Geschichte des Dorfes. Spannend ist der Besuch der Gruft des Georg Anton Freiherrn von Grechtler, ein in den Kirchhügel hinein gebauter, tonnengewölbter Raum mit 28 Sargnischen. Wer eine Abkühlung braucht, der macht in Hofstetten-Grünau einen Abstecher ins Seebad. Rabenstein im Pielachtal lockt mit der spätgotischen Pfarrkirche, der um 1500 erbauten Staffelhallenkirche, in der wir zeitgleiche Fresken im Chor bewundern. In der Burgruine, die urkundlich erstmals 1136 erwähnt wurde, finden wir romanisch-gotische Turm- und Gebäudereste. Die Ruine ist übrigens die Taufkirche von Franz Kardinal König, der von 1956 bis 1985 Erzbischof von Wien war. Über Steinschal-Tradigist geht es weiter nach Kirchberg an der Pielach,

Tipp

FÜR GENIESSER

Wunderschöne Landschaft, tolle Kulinarik: In den gläsernen Panoramawägen werden nicht nur sagenhafte Aussichten serviert, sondern auch regionale Köstlichkeiten.

»Was mir an Zügen gefällt, ist, dass man mit ihnen nicht abbiegen kann.«

Maeckes

wo wir im Bergbahnmuseum einen modellhaften Ausblick auf die gebirgige Strecke bekommen. Ebenfalls sehenswert sind die hölzerne Kirche und der Pielachersprung im waldreichen Schwarzenbach an der Pielach.

Unbedingt aussteigen sollten wir in Frankenfels. Dort erwartet uns die Nixhöhle mit ihren Tropfsteingebilden, eine Wanderung durch die Taubenbachklamm und das Bergbauernmuseum Hausstein. Danach geht es für unsere Bahn wirklich bergauf. Übrigens ist dies die steilste Strecke in Österreich, die ohne Zahnräder auskommt.

Herz der Bahn

Unsere erste Station der Bergstrecke ist die Laubenbachmühle. Dort besuchen wir das moderne Betriebszentrum, quasi das Herz der Mariazellerbahn. Bei einer 45-minütigen Führung erfahren wir alles zur Geschichte und Gegenwart der Traditionsstrecke und bekommen einen tol-

len Einblick in die Technik. Nach Winterbach und Puchenstuben ist Gösing für uns ein toller Ausgangspunkt für eine Wanderung im Naturpark Ötscher Tormäuer. Der Ötscherblick ist hier einer der schönsten in der Region. Annaberg-Reith ist der ideale Ausgangspunkt für Wanderungen auf der Via Sacra und in die Hinteren Tormäuer. Im Winter ist hier für Skifahrer viel geboten. Nachdem wir die Station Erlaufklause passiert haben, haben wir tolle Ausblicke auf den Erlaufstausee. Dann sind wir leider schon bei der vorletzten Station: Mitterbach. Dort bringen uns zwei moderne Sesselbahnen direkt zum Gipfel der 1626 Meter hohen Gemeindealpe. Oben angekommen bietet sich uns ein fantastischer Panoramablick. Dann heißt es schließlich Endstation in Mariazell-Sankt Sebastian, dem berühmten Wallfahrtsort. Natürlich besuchen wir dort die Basilika, trinken ein Stamperl vom ortseigenen Kräuterlikör und lassen uns den bekannten Pirker Lebkuchen schmecken. Neben der mächtigen Basilika Mariazell entdecken wir einen weiteren Wallfahrtsort im Wallfahrtsort: der Kalvarienberg mit seinen drei Kreuzen. Von dort haben wir einen tollen Ausblick. Direkt vom Zentrum des Ortes fahren wir mit der Mariazeller Schwebebahn hinauf auf die Bür-geralpe. Nur einen kurzen Fußmarsch vom Hauptplatz entfernt entdecken wir das Erzherzog-Johann-Denkmal. Von dem begrünten Hügel genießen wir eine herrliche Aussicht auf die Bürgeralpe und die Gemeindealpe.

↑ Der Ötscher im Mostviertel ist das ganze Jahr über ein Erlebnis.
↙ Die Pfarrei Mariazell prägt die jahrhundertealte Tradition der Wallfahrt.

Info

Der Zug verkehrt täglich und stündlich in Richtung Mariazell. An Sonn- und Feiertagen Fahrplan beachten. Kosten Einzelfahrt ca. 19 EUR. Die Tageskarte als Hop-on-Hop-off-Variante ca. 37 EUR.

Kosten Einzelfahrt Panoramawagen ca. 35 EUR.

Die Dampflokomotive Mh.6. ist an ausgewählten Sonntagen mit der Ötscherbärgarnitur unterwegs.

Kosten Nostalgiefahrt Hin- und Rückfahrt ca. 61 EUR.

Berg- und Talfahrt Mariazeller Schwebebahn 24 EUR.

mariazellerbahn.at

Auf unseren Zugfahrten entdecken wir zu allen Jahreszeiten eindrucksvolle Landschaften, hier nebelverhangene Wälder bei Murnau im Werdenfelser Land.

Harry-Potter-Fans aufgepasst!

Hier verschwimmen Zauberei und Wirklichkeit

Den Hogwarts-Express kennen wir alle, aus J. K. Rowlings Geschichten um einen jungen Zauberer namens Harry Potter. Angefangen hat alles mit dem Band »Harry Potter und der Stein der Weisen«, dem ersten Band der siebenteiligen Buchreihe der britischen Schriftstellerin, und der Hogwarts-Express bringt die Schüler vom magischen Bahngleis 9 3/4 im Londoner Bahnhof King's Cross in ihre Zauberschule. In der Muggelwelt, also der Welt der Nicht-Zauberer, ist der Hogwarts-Express ein Dampfzug namens Jacobite, der auf der West Highland Line zwischen Fort William und Mallaig in Schottland verkehrt. Unsere Fahrt entlang der West Highland Line ist ein außergewöhnliches Erlebnis mit einer atemberaubenden Landschaft aus kaleidoskopisch bunten Mooren, schneebedeckten Bergen, schimmernden Seen und zerklüfteten Küsten.

Unterwegs in einer Landschaft wie aus dem Bilderbuch

Die 135 Kilometer lange Hin- und Rückfahrt beginnt in Fort William, in der Nähe des 1345 Meter hohen Ben Nevis, der damit der höchste Berg Großbritanniens ist, und wird oft als »tollste Eisenbahnfahrt der Welt« bezeichnet. Etwa 40 Minuten nach Beginn unserer Fahrt wird der Zug langsamer – manchmal hält er ganz an –, wenn er das Glenfinnan-Viadukt überquert. Loch Shiel – vom Glenfinnan-Viadukt aus bietet sich uns hier eine klassische Aussicht auf die Highlands – ist Ausgangspunkt für Wanderungen in dieser tollen Region.

Schauplätze einer großen Zauberergeschichte

Potter-Fans werden es vielleicht wiedererkennen, denn es ist der Hogwarts Great Lake, einer der Drehorte für die Filme. Nach Passage des Viadukts fährt der Zug leider nicht weiter in die Zauberschule aus den Büchern, Hogwarts, aber dennoch werden wir vom Rest der Reise keineswegs enttäuscht sein. Der nächste Halt ist dann Glenfinnan. Etwa fünf Kilometer nach dem Bahnhof fahren wir auf der rechten Seite entlang des Loch Eilt. Am Ende – wieder etwa fünf Kilometer später – befinden wir uns auf dem Teil der Strecke, der für die Dreharbeiten zu Szenen mit dem Hogwarts-Express in den meisten Potter-Filmen als Kulisse verwendet wurde und der sich in der Nähe der Insel mit Dumbledores Grab befindet.

Der raue Charme der schottischen Highlands

Der Jacobite fährt dann weiter durch die atemberaubende Landschaft der Highlands und die Küstenlandschaft, bevor er im geschäftigen Fischerhafen von Mallaig seine Endstation hat. Viele Passagiere verbringen hier einen kurzen Aufenthalt, bevor sie nach Fort William zurückkehren. Für uns allerdings ist Mallaig der Ausgangspunkt für die Fähre zur Isle of Skye.

↖ Inverness-shire ist eine Grafschaft im Nordwesten Schottlands.

Wunderbarer Sonnenaufgang am Bodensee mit Blick über Lindau zum österreichischen Bregenzerwald im Vordergrund und dahinter den ersten schweizerischen Gipfeln.

Register